Ingo Böhle

„Juden können nicht Mitglieder der Kasse sein"

Versicherungswirtschaft und die jüdischen Versicherten im Nationalsozialismus am Beispiel Hamburg

Landeszentrale für politische Bildung, Hamburg

Impressum:

Copyright 2003 Landeszentrale für politische Bildung, Hamburg

Alle Rechte vorbehalten

Redaktion: Dr. Rita Bake

Diese Veröffentlichung stellt keine Meinungsäußerung der Landeszentrale für politische Bildung dar. Für die inhaltlichen Aussagen trägt der Autor die Verantwortung.

Gestaltung: Lütcke & Wulff, Hamburg

Druck: Lütcke & Wulff, Hamburg

Hamburg 2003

ISBN: 3-929728-72-9

Inhaltsverzeichnis

1. Einleitung

1997 erschütterten die Sammelklagen von Überlebenden des Holocaust bzw. Erben von Holocaust-Opfern vor US-Gerichten wegen nicht erfüllter Versicherungsansprüche in der NS-Zeit die deutsche, schweizerische, österreichische und französische Versicherungswirtschaft. 1998 einigten sich die in den USA arbeitenden und beklagten Versicherungsgesellschaften mit der US-amerikanischen Versicherungsaufsicht und den Vertretern der Klägerinnen und Klägern auf die Einrichtung der International Commission on Holocaust Era Insurance Claims (ICHEIC), um die Ansprüche außergerichtlich zu regeln. Die gesamte deutsche Versicherungswirtschaft trat im Jahr 2000 mit einem Betrag von 500 Mio. DM der Bundesstiftung „Erinnerung, Verantwortung und Zukunft" bei, die insgesamt mit einem Kapital von 10 Milliarden DM – vom Bundeshaushalt und von der deutschen Wirtschaft je zur Hälfte aufgebracht – ausgestattet wurde, um vor allem die ehemaligen Zwangsarbeiterinnen und Zwangsarbeiter während des Zweiten Weltkrieges zu entschädigen. Der Beitrag der Versicherungswirtschaft wurde für die Entschädigung von Versicherungsansprüchen reserviert. Bis in das jetzige Jahr 2003 hinein zogen sich die Verhandlungen über die Prüfung der Ansprüche und die Auszahlung an die Berechtigten. Inzwischen ist unter dem Dach der Bundesstiftung eine Einigung erfolgt, wurde eine Liste der 1933 existierenden jüdischen Lebensversicherungsverträge veröffentlicht, und die ersten Auszahlungen erfolgen.

Die bisherige Selbstsicht deutscher Versicherungsunternehmen auf ihre NS-Vergangenheit wurde dominiert vom Verschweigen und der Minimierung eigener Taten, die Betonung der Unschuld, die Berufung auf einen angeblichen Befehlsnotstand in der NS-Diktatur, die Hervorhebung eigener Opfer und eigenen Leides infolge alliierter Bombenangriffe und wirtschaftlicher Schwierigkeiten in der Nachkriegszeit. Erst die Diskussion um die Sammelklagen der Holocaust-Opfer änderte die Situation: Beklagte Unternehmen wie etwa die marktführende Allianz Versicherung AG gaben sicherlich nicht zuletzt aus Rücksichtnahme gegenüber den moralisch-ethischen Befindlichkeiten des US-Marktes wissenschaftliche Untersuchungen ihrer Firmengeschichte im Nationalsozialismus in Auftrag. Die Deutsche Krankenversicherung AG aus Köln beauftragte den Autor dieses Buches mit einer Studie über die private Krankenversicherung (PKV) von 1933–45. Aufgrund dieser und anderer Untersuchungen ist nunmehr eine objektivierte Sichtweise auf die Versicherungswirtschaft im NS-Staat möglich geworden.

Diese Arbeit soll den Umgang der deutschen Versicherungsunternehmen mit ihrer jüdischen Kundschaft, ihren jüdischen Angestellten und weiteren jüdischen Vertragspartnern in der NS-Zeit beschreiben. Im Mittelpunkt werden Beispiele aus Hamburg, einem bedeutenden Versicherungsplatz Deutschlands, stehen. Hier befanden sich die beiden größten Gesellschaften des Versicherungskonzerns der Deutschen Arbeitsfront (DAF): Deutscher Ring und Volksfürsorge. Die DAF-Versicherungsgruppe bestand aus sehr unterschiedlichen Gesellschaften, die zuvor aus weltanschaulich teilweise entgegengesetzten Motiven entstanden waren. Während die Volksfürsorge 1913 vom Allgemeinen Deutschen Gewerkschaftsbund und den Konsumgenossenschaften für die Befriedigung des Versicherungsbedarfs der sozialdemokratischen Arbeiterschaft gegründet wurde, war der Deutsche Ring im Besitz des nationalistischen und antisemitischen Deutsch-Nationalen Handlungsgehilfenverbands gewesen. Die DAF wurde im Mai 1933 nach Zerschlagung der sozialdemokratischen Gewerkschaftsbewegung und späterer Selbstauflösung des Deutsch-Nationalen Handlungsgehilfenverbands zur Indoktrination und Organisation der Arbeiterschaft im Sinne der nationalsozialistischen Volksgemeinschaftsideologie geschaffen. Ihre Versicherungsgesellschaften waren besonders systemkonform und antisemitisch ausgerichtet. Beide Unternehmen wurden nach 1945 an demokratische gewerkschaftliche Nachfolgeorganisationen übergeben, inzwischen sind sie in privatwirtschaftlichen Besitz überführt. Wir danken den Gesellschaften für die Benutzung der Firmenarchive und Überlassung von Bildmaterial.

Während des Zweiten Weltkrieges wurden 5.848 jüdische Bürgerinnen und Bürger aus Hamburg deportiert, von denen nur 552 überlebt haben. Zeitgleich wurde ihr Versicherungsvermögen konfisziert. Allerdings war der Beginn der Deportationen nicht der Startpunkt für die Schädigung jüdischer Versicherter. Die beiden DAF-Versicherungsgesellschaften und die meisten PKV-Gesellschaften hatten schon lange zuvor ohne staatlichen Auftrag ihre Bestände „judenfrei“ gemacht.

2. Der Novemberpogrom 1938 als versicherungstechnischer Großschaden

2.1. Die Behandlung der Versicherungsschäden aus dem Novemberpogrom 1938

In der Nacht vom 9. auf den 10.11.38 und im Laufe der folgenden Tage zündeten Angehörige nationalsozialistischer Organisationen auf Anordnung von Teilen der obersten Staats- und Parteiführung in ganz Deutschland Synagogen an und demolierten sie, plünderten und verwüsteten jüdische Geschäfte und Wohnungen, misshandelten, verletzten und töteten jüdische Bürgerinnen und Bürger und verbrachten insbesondere wohlhabende Juden in Konzentrationslager. Die NSDAP sollte auf Wunsch Hitlers nicht als Urheber der Pogrome in Erscheinung treten, sondern das Geschehen sollte als „spontane Volksaktion" gegen die Juden inszeniert werden. Der Großteil der den Juden zugefügten Schäden war bei Versicherungsgesellschaften versichert.

Der Novemberpogrom verursachte einen versicherungstechnischen Groß- oder Katastrophenschaden. So waren etwa Glasschäden in Höhe von 7 Mio. RM entstanden, was die Jahresprämieneinnahmen in diesem Versicherungssegment bei weitem überstieg. Der in Wirtschaftsfragen zu dieser Zeit ranghöchste NS-Politiker Hermann Göring kritisierte zynisch die nicht eingeplanten Folgen des Pogroms: „Mir wäre lieber gewesen, ihr hättet 200 Juden erschlagen und hättet nicht solche Werte vernichtet."[1] Tatsächlich waren 91 jüdische Bürgerinnen und Bürger getötet worden. Die Behandlung der Versicherungsschäden aus dem Novemberpogrom ist ein Musterbeispiel sowohl für die enge Zusammenarbeit als auch für die teilweise heftigen Differenzen verschiedener Institutionen des NS-Staates mit der Versicherungswirtschaft, was stets zu Lasten der jüdischen Versicherten ging.

Am 12.11.38 berieten die Spitzen mehrerer Ministerien unter Görings Vorsitz über die Konsequenzen des Pogroms und einigten sich auf die endgültige Ausschaltung der Juden aus der Wirtschaft. Eduard Hilgard, Vorstandsmitglied der Allianz Versicherung AG und Reichsgruppenführer Versicherungen, war als Experte zur Erörterung der versicherungsrechtlichen Folgen der Pogrome geladen worden. Obwohl Hilgard die herrschende Rechtsauffassung: „Tumultschäden" sind nicht versichert – bekannt war, vermittelte er in der Konferenz den Eindruck, dass die Schäden der Pogromtaten unter den Versicherungsschutz fielen und meldete wegen der internationalen Verflechtungen der deutschen Versicherungswirtschaft den Wunsch an: „Wir legen großen Wert darauf, Herr Generalfeldmarschall [Göring], daß wir an der Erfüllung unserer vertraglichen Verpflichtungen nicht gehindert werden. [...] Wenn wir es heute ablehnten, uns gesetzlich obliegende vertragliche Verpflichtungen zu erfüllen, so wäre das ein schwarzer Fleck auf dem Ehrenschild der deutschen Versicherung."[2] Hilgard wollte zwar keineswegs die jüdischen Versicherten entschädigen, befürchtete aber, dass die Staatsführung die Gesellschaften durch Gesetze zur Leistung verpflichten würde. In der Konferenz am 12.11.38 verfolgte er die Strategie, die Schäden zwar auszuzahlen, dafür aber staatliche oder den Juden abgepresste Entschädigungen zu erhalten. Göring musste nach Hilgards Vortrag jedoch davon überzeugt sein, dass die Versicherungsgesellschaften leistungspflichtig wären und ging auf dieses Ansinnen nicht ein.

Der Wert der bei Versicherungsgesellschaften gemeldeten Schäden belief sich auf 46 Mio. RM.[3] Viele Zerstörungen waren jedoch vermutlich überhaupt nicht angezeigt worden, etwa die der nichtjüdischen Hausbesitzer, deren Schäden von den jüdischen Mietern zu ersetzen waren. Denn die Versicherungsschäden aus dem Novemberpogrom waren in der schon erwähnten Konferenz am 12.11.38 durch die Verordnung zur „Wiederherstellung des Straßenbildes bei jüdischen Gewerbebetrieben" und die „Durchführungsverordnung über die Sühneleistung der Juden" zu Lasten der jüdischen Versicherten geregelt worden. Danach mussten jüdische Inhaber der zerstörten Wohnungen und Betriebe selbst die Schäden beseitigen und die Kosten der Wiederherstellung tragen. Ihre Versicherungsansprüche wurden zu Gunsten des Deutschen Reiches beschlagnahmt und sollten auf die jeweilige persönliche Vermögensabgabe im Rahmen der „Sühneleistung", also der in der Konferenz vom 12.11.38 ebenfalls festgelegten eine Milliarde RM Sondersteuer für die jüdische Bevölkerung, angerechnet werden.

Hilgards Strategie war in der Konferenz am 12.11.38 fehlgeschlagen, und die Reichsministerien gingen davon aus, dass die Versicherungsgesellschaften die Leistungen für Schäden aus jüdischen Verträgen an den Staat zahlen würden. Dennoch wies Hilgard als Reichsgruppenleiter Versicherungen die Versicherungsunternehmen an, wegen des Leistungsausschlusses „innerer Unruhen" in den Versicherungsbedingungen keine Schäden aus den Novemberpogromen zu regulieren. In den folgenden Monaten verhandelte die Reichsgruppe Versicherungen mit den Reichsministerien über die Haftungsfrage und die Konfiskation der Versicherungsleistungen an Juden. Allen Beteiligten waren selbstverständlich die Urheber des Pogroms bekannt, und die Versicherungsgesellschaften versuchten geschickt mit dem Hinweis auf eine öffentliche Debatte Druck auf die Regierung auszuüben. Dr. Kurt Schmitt, Reichswirtschaftsminister 1933–35, davor Vorstandsvorsitzender der Allianz Versicherung und inzwischen Generaldirektor der zum Allianz-Konzern gehörenden Münchener Rückversicherung AG, schrieb „streng vertraulich" an den Reichsjustizminister Franz Gürtner: „Nun ist schon die Feststellung, ob eine derartige Verletzung der öffentlichen Ordnung vorgelegen hat oder nicht, unerfreulich. Aber selbst wenn diese verneint wird, so kommt eine Entschädigungspflicht wegen der Regressmöglichkeiten [der Versicherungsgesellschaften gegen die bekannten Pogromtäter bzw. den Staat, dessen Machtorgane die Zerstörungen nicht verhindert hatten] praktisch nicht in Frage. Ich kann mir wohl ersparen, hierzu Ausführungen im einzelnen zu machen, und brauche nur darauf zu verweisen, dass es untragbar wäre, wenn z.B. von ausländischen Versicherungsunternehmungen oder Rückversicherern die Frage der Täterschaft oder des Verhaltens von Polizei und Feuerwehr zu Gegenstand prozessualer Verhandlungen gemacht würde."[4] Zusätzlich untermauerte Hilgard die Haltung der Versicherungswirtschaft mit ausgesprochen antijüdischen Argumenten: „Es ist außerdem ein selbstverständlicher Grundsatz, daß eine Versicherung nicht vor den Folgen strafbarer Handlungen schützen darf. Es würde den vom Staat mit der Bestrafung verfolgten Zweck zuwiderlaufen, wenn die Versicherungen den Verurteilten die Folgen ihrer Handlungen abnehmen würden. Eine solche Versicherung würde wegen eines Verstosses gegen die guten Sitten nichtig sein. Die Vergeltungsaktion gegen die Juden hat den Charakter einer dem Judentum auferlegten Strafe. Es würde dem allgemeinen Rechtsempfinden in höchstem Maße widersprechen, wenn die deutschen Versicherungsgesellschaften den Juden die diesen auferlegte Sühne abnehmen müssten."[5] Es ging der Versicherungswirtschaft also darum, die Pogromschäden voll auf die jüdische Kundschaft abzuwälzen.

Bis zum August 1939 verhandelten die Reichsministerien mit der Reichsgruppe Versicherungen um einen „politischen Preis" für die Schäden jüdischer Versicherter. Die Reichsregierung war wegen der internationalen Reputation und der Stimmung der deutschen Bevölkerungsmehrheit daran interessiert, dass die nicht beabsichtigten Schäden des Pogroms bei Ausländern und „Ariern" ersetzt würden, obwohl die Versicherungsgesellschaften auch in diesen Fällen wegen der Aufruhr-Ausschlussklausel von der Leistung befreit waren. Letztlich einigten sich Reichsregierung und Versicherungswirtschaft im August 1939. Neben der Zusicherung, die Schäden „arischer" und ausländischer Versicherter trotz fehlenden Rechtsanspruchs zu erstatten, überwies die Reichsgruppe dem Reichsfinanzministerium einen Pauschalbetrag von 1,3 Mio. RM für die konfiszierten jüdischen Versicherungsleistungen.

Der hartnäckige Widerstand gegen Görings Anweisung, die jüdischen Versicherungsschäden in voller Höhe an das Reich zu zahlen, und die Obstruktion staatlicher Verordnungen machen deutlich, dass sich die deutsche Versicherungswirtschaft keineswegs unter bedingungsloser Befehlsgewalt im Nationalsozialismus befand. Sie verfolgte durchaus eigene Interessen gegen staatliche Stellen und Parteiorganisationen, leistete allerdings gegen die nationalsozialistische Rassenpolitik keinen Widerstand.

Über die Schäden an Synagogen gab es keine staatlichen Verfügungen, da sich die Konfiskation der Versicherungsleistungen nur auf jüdische Gewerbebetriebe und Wohnungen bezog. Die privaten Feuerversicherungsunternehmen konnten mit der in der Regel vereinbarten „Unruhe"-Klausel Leistungen verweigern. Anders war die Rechtslage bei den öffentlich-rechtlichen Versicherungsanstalten, die in einigen Landesteilen wie z. B. in Hamburg oftmals als Monopolanstalten sämtliche Gebäude gegen Feuer versichert und diese Klausel nicht vereinbart hatten. Hilgard setzte sich bei der Reichsregierung für deren Leistungsfreiheit ein: „Was die Frage der Öffentlich-Rechtlichen anlangt, bin ich der Auffassung, dass man sie trotz anderer Rechtslage unter allen Umständen von der Entschädigung für Synagogen und sonstige öffentliche jüdische Gebäude freistellen muss, da es sich hier um die Zerstörung nicht schutzwürdigen Volksgutes handelt. Ich darf allerdings in diesem Zusammenhang darauf hinweisen, dass mir nach unserer letzten Besprechung die Klagandrohung einer israelischen Kultusgemeinde vorgelegt worden ist."[6] Hilgards Text deutete auf die „Wiederaufbauklausel" hin. Paragraph 18 Absatz (3) der Allgemeinen Feuerversicherungsbedingungen bestimmte für mit Schulden belastete Gebäude, dass die Versicherungsleistung so lange ausgesetzt werden konnte, bis ihre Verwendung zur Wiederherstellung des Gebäudes gesichert war. Da ein Wiederaufbau der Synagogen nicht in Frage kam, dürfte dieser Paragraph von den öffentlich-rechtlichen Versicherungsanstalten zur Verweigerung der Leistungen missbraucht worden sein.

2.2. Der Novemberpogrom in Hamburg

In Hamburg wurden in der ersten Pogromnacht vom 9. auf den 10.11.38 vor allem die in der Innenstadt gelegenen jüdischen Modehäuser der Gebrüder Robinsohn, G. W. Unger und Hirschfeld sowie das Fotogeschäft von Campbell gestürmt und geplündert. „Erdgeschoß und erster Stock sahen wie nach einer Beschießung aus", schilderte Hans Robinsohn die Verwüstungen.[7] Die Synagoge in Harburg wurde niedergebrannt, die Altonaer und Wandsbeker Synagogen wurden durch Brandstiftung und Plünderungen beschädigt. Der Pogrom traf auch die jüdischen Gotteshäuser in der Beneckestraße, an der Rutschbahn und in der Oberstraße.

Am 11.11. gegen 18 Uhr erklärte Reichspropagandaminister Josef Goebbels im Namen der Reichsregierung das „offizielle“ Ende des Pogroms.

Die Bornplatz-Synagoge im Jahre 1910

Die größte Hamburger Synagoge mit 1.100 Plätzen am Bornplatz wurde erst am 12.11.38 von SA-, SS- und HJ-Truppen in Brand gesteckt und geschändet. Im Wesentlichen wurde das Innere der Synagoge zerstört. Die Feuerwehr, die im Gegensatz zu den ersten Pogromtagen nicht mehr untätig blieb, löschte den Brand. Die Synagoge war zwar nicht bis auf die Grundmauern niedergebrannt, hatte aber so schwere Schäden davongetragen, dass die Hamburger Feuerkasse im April 1939 feststellte, dass sich die Synagoge in einem „sturmgefährdeten Zustand“ befinde. Deswegen wollte die Hamburger Feuerkasse die Ersatzpflicht für Sturmschäden ausschließen.[8] Die Gestapo untersagte die weitere Nutzung und damit den Wiederaufbau der Synagoge und erzwang so den Abbruch und Rückkauf des Geländes. Laut einem Vertrag aus dem Jahre 1903 hatte die Stadt Hamburg ein Rückkaufsrecht, wenn die jüdische Gemeinde das Grundstück nicht mehr für Kultuszwecke nutzte. Der Beauftragte des Jüdischen Religionsverbandes, Dr. Leo Lippmann, lehnte den Rückkauf ab, „da nicht der Fall vorliege, dass die Gemeinde den Platz nicht mehr für die Zwecke der Synagoge gebrauchen wolle [Hervorhebung im Dokument]“, musste aber „nach Sachlage“ – also unter Zwang – dem Abbruch zustimmen.[9] Die Stadt Hamburg kaufte das Grundstück zum ursprünglichen Preis von ca. 90.000 RM zurück, behielt aber 5.000 RM für die Abbruchkosten ein. Der Gebäudewert – die Baukosten hatten 260.000 Mark betragen – blieben unberücksichtigt.

Versicherungsleistungen sind für die Schäden an der Synagoge mit größter Wahrscheinlichkeit nicht gezahlt worden, obwohl die Hamburger Feuerkasse innere Unruhen nicht aus dem Versicherungsschutz ausschloss. Eine solche Begründung für die Verweigerung der Versicherungsleistung wäre sowieso fraglich gewesen, denn z. B. wies das Berliner Kammergericht den Einwand „innerer Unruhen“ schon für eine Tat in der Nacht vom 11. auf den 12.11. zurück: „Nachdem also die Reichsregierung diesen ihren Willen [zur Beendigung des Pogroms] bereits am 11. November 1938 allgemein öffentlich bekanntgegeben hatte, kann nicht ohne weiteres angenommen werden, daß es sich bei Gewalttätigkeiten gegen Juden, die sich später ereigneten, noch um bürgerliche Unruhen [...] handelt [...] vielmehr muß [...] davon ausgegangen werden, daß bei der im nationalsozialistischen Staat herrschenden

Disziplin das Verbot der Regierung, weitere Sühnemaßnahmen zu unternehmen, im allgemeinen befolgt worden ist, und Zuwiderhandlungen gegen dieses Verbot nur verantwortungslose Handlungen einzelner waren..."[10] Der Brandanschlag auf die Bornplatz-Synagoge war sogar noch einen Tag später als in dem vom Berliner Kammergericht behandelten Fall verübt worden. Wegen solcher gerichtlichen Entscheidungen zu Gunsten der jüdischen Kläger bei Brandstiftungen und sonstigen Pogromtaten nach dem 11.11.38 einigten sich die beklagten Versicherungsgesellschaften in ähnlichen Fällen mit dem Reichsjustizministerium darauf, die gerichtlichen Verfahren niederzuschlagen.

Die Synagoge am Bornpark fällt endgültig Aufn.: Kreye

Die Synagoge am Bornpark wird — wie bereits angekündigt — in diesen Tagen abgebrochen. Wo heute noch ein paar traurige Trümmerreste stehen, wird bald ein freundlicher Grünplatz allen Volksgenossen Freude machen.

Hamburger Tageblatt 14.7.1939

Die entsprechenden Unterlagen der Hamburger Feuerkasse sind nicht überliefert und die erhaltenen Dokumente des Jüdischen Religionsverbandes geben über Versicherungsleistungen keine Auskunft. Aber es gibt einen indirekten Hinweis auf Zahlung oder Nichtzahlung einer Versicherungsleistung. Vor seiner Selbsttötung 1943, nachdem er den Deportationsbefehl erhalten hatte, hinterließ Lippmann zwei genaueste Berichte u. a. über die Einnahmen und Ausgaben der Jüdischen Gemeinde.[11] Wäre eine Versicherungsleistung gezahlt worden, so hätte Lippmann sie wohl erwähnt. Auch in den Rückkaufsverhandlungen mit der Stadt spielten eventuell gezahlte Versicherungsleistungen keine Rolle. Ganz offensichtlich ist die der jüdischen Gemeinde rechtlich zustehende Versicherungsleistung niemals gezahlt worden.

Nach Ende des Zweiten Weltkrieges bestanden vor allem die alliierten Besatzungsmächte auf das Anrecht der NS-Opfer, ihr Eigentum wieder zu erlangen. Die Stadt Hamburg hatte 1942 sämtliche Gebäude des jüdischen Religionsverbandes ohne die bereits erworbene Bornplatz-Synagoge für 2,14 Mio. RM gekauft und das Geld an die Reichsvereinigung der Juden in Deutschland überwiesen,[12] einer Einrichtung unter Kontrolle der Gestapo, die u. a. die Holocaustlogistik finanzieren musste. Auf dem Gelände des Bornplatzes war während des Krieges ein Hochbunker errichtet worden, und ein weiterer Teil war an eine Omnibus-Linie vermietet worden. Die Jüdische Gemeinde verglich sich 1953 mit dem Hamburger Senat. Für ca. 25 überwiegend in Altona, St. Pauli und am Rotherbaum liegende Grundstücke, darunter das ehemalige Synagogengelände am Bornplatz, erhielt die Jüdische Gemeinde einen Pauschalbetrag von 1,5 Mio. DM.[13]

2.3. Die Hamburger Justiz und die Versicherungsschäden des Novemberpogroms

Die Reichsregierung und die Versicherungsgesellschaften waren sich sofort einig, die Pogrome nicht von ordentlichen Gerichten untersuchen zu lassen. Wegen der Uneinigkeit über die Leistungspflicht der Versicherungsunternehmen entstand allerdings ein politisch-rechtliches Vakuum, in dem gerichtliche Verfahren anhängig und teilweise gegensätzlich entschieden wurden. Zunächst wiesen Amtsgerichte die Klagen von Geschädigten gegen Versicherungsunternehmen mit dem Hinweis auf das von der Reichsgruppe Versicherungen angewiesene vorläufige Auszahlungsverbot ab, obwohl allein das Reichsaufsichtsamt für Privatversicherung Zahlungsmoratorien, und das auch nur bei Insolvenzen, rechtswirksam verkünden konnte. In einigen Gerichtsverfahren wurde der Leistungsausschluss „innerer Unruhen" anerkannt und die Klagen der jüdischen Geschädigten abgewiesen. Das Amtsgericht Hamburg verneinte dagegen generell die Möglichkeit innerer Unruhen im NS-Staat und machte die Glasversicherung der Grundeigentümer Hamburgs für die Tumultschäden bei einem nichtjüdischen Versicherten haftbar: „Durch die Vergeltungsaktion gegen die Juden in Deutschland im November 1938 ist aber die öffentliche Ruhe und Ordnung in keiner Weise gestört worden. Eine solche Störung der öffentlichen Ordnung ist nach Struktur und Wesensart des nationalsozialistischen Staates ausgeschlossen [...]"[14] Öffentliche Gerichtsverfahren gefährdeten das staatliche Ziel, den Pogromverlauf und die Täterschaft zu kaschieren. Die Versicherungsgesellschaften fürchteten Urteile wie das des Amtsgerichtes Hamburg, die sie zur Zahlung verpflichteten. Deshalb kamen Versicherungswirtschaft, Reichsministerien und Justizverwaltungen überein, Gerichtsverhandlungen niederzuschlagen und jüdische Kunden um ihre Versicherungsansprüche zu bringen.

Trotz der politisch motivierten Selbstverpflichtung der Versicherungsgesellschaften, Schäden von versicherten „Ariern" und Ausländern, auch jüdischen, zu regulieren, blieben mittelbar Geschädigte, wie z. B. Lieferanten, Hypotheken- und Pfandgläubiger ohne Ersatz. Um diesen Personenkreis zu entschädigen und vor allem eine Handhabe zu erhalten, mit der die gerichtliche Verfolgung zivilrechtlicher Ansprüche ausgeschlossen werden sollte, knüpfte eine 14. Durchführungsverordnung (DVO) vom 18.3.39 an das 1934 erlassene „Gesetz zum Ausgleich bürgerlich-rechtlicher Ansprüche" an. Dieses sollte politisch motivierte kriminelle Handlungen aus der „nationalen Revolution" 1933 nicht vor die Ziviljustiz gelangen lassen und als „würdig" befundene zufällige Opfer des NS-Terrors entschädigen. Das Reichsinnenministerium konnte entscheiden, ob Ansprüche gerichtlich verfolgt werden durften und eine Weiterführung von Verfahren aussetzen. Die 14. DVO vom März 1939 setzte das gleiche Verfahren für die Novemberpogrom-Handlungen in Kraft. Entschädigt wurde nach rassen- und allgemeinpolitischen Gesichtspunkten. Deutsche und staatenlose Juden hatten keinen Anspruch. Vor allem aber wurde die 14. DVO genutzt, um alle gerichtlichen Verfahren über die Novemberpogrome zu unterbinden.

Die 14. DVO verhinderte in der Praxis aber nicht, dass sich die Gerichte weiterhin mit der Versicherungshaftung für die Pogromtaten befassten, weil die Richter die Verordnung nicht kannten oder anders interpretierten. Das Oberlandesgericht Hamburg verhandelte bis in das Jahr 1941 hinein über Versicherungsansprüche ausländischer Juden. Das enge Zusammenspiel der Hamburger Justiz mit staatlichen Stellen und der Gestapo zu Ungunsten der jüdischen Klägerinnen und Kläger lässt sich an zwei gut dokumentierten Beispielen verfolgen.

Das Geschäft Lindor in Hamburg-Harburg gehörte zur Ladenkette der Lonnoy & Co. KG, überwiegend im Besitz polnischer Juden, und war bei der Patria Versicherung AG gegen Aufruhrschäden versichert. Der Gesamtschaden, den diese Ladenkette durch die Pogrome in mehreren deutschen Städten erlitten hatte, belief sich auf über 11.000 RM. Die Patria Versicherung lehnte eine Schadensbegleichung ab. Die Hamburger Polizeibehörde wehrte zunächst im Auftrag des Reichsministeriums des Inneren Ansprüche nach der 14. DVO ab, weil die Geschädigten Juden seien, obwohl ausländische Juden ausdrücklich zum Kreis der Berechtigten auf Entschädigung gehörten. Das Hamburger Landgericht machte das Justizministerium auf den Widerspruch aufmerksam, aber nicht etwa, um den Geschädigten zu ihrem Recht zu verhelfen, sondern um Verfahrensvorschläge zu entwickeln, wie das von NS-Behörden und Justiz beabsichtigte Ergebnis, die Niederschlagung der jüdischen Ansprüche, mit dem „Recht" in Übereinstimmung zu bringen sei. Das Gericht empfahl als „am einfachsten" die Konfiskation der Versicherungsansprüche deutscher und staatenloser Juden aus dem Novemberpogrom auf die jetzt, also 1941, in Polen lebenden Juden per gesetzlicher Verordnung auszudehnen: „Für die Entscheidung des Gerichts ist es selbstverständlich von wesentlicher Bedeutung, zu wissen, welchen Standpunkt der Herr Reichsminister des Inneren in dieser Frage [Beschlagnahme der Versicherungsleistung zu Gunsten des Reiches] einnimmt. Im staatlichen Interesse scheint es dem Gericht wichtig zu sein, daß, wenn irgend möglich, eine Übereinstimmung zwischen beiden Stellen [Gericht und Innenministerium] erzielt wird."[15] Innen- und Justizministerium wollten auf Grund dieses Einzelfalls aber nicht zu gesetzgeberischen Maßnahmen greifen und wiesen das Landgericht Hamburg an, das Verfahren einzustellen. Die inhaltliche Begründung, dass eben eine Entscheidung des Reichsministeriums des Inneren nach der 14. DVO gefallen sei, war zwar ein reiner Zirkelschluss, wurde von den Hamburger Richtern aber nicht mehr hinterfragt. Die jüdischen Lindor-Besitzer gingen leer aus.

Die schweizerische Jüdin T. klagte vor dem Hanseatischen Oberlandesgericht gegen die Helvetia Versicherung. Ihr Hausrat im Wert von 90.000 RM, der im Haus ihres Vaters in Cottbus lagerte, war während des Novemberpogroms vernichtet bzw. gestohlen worden. Die erste Klage gegen ihren Hausratversicherer, die Londoner Phönix Versicherung, war vom Landgericht Hamburg wegen der Ausschlussklausel für innere Unruhen abgewiesen worden. Da T. zusätzlich bei der schweizerischen Helvetia Versicherung eine eigenständige Versicherung gegen Aufruhrschäden abgeschlossen hatte, forderte sie dort die Leistung ein. Die Helvetia bestritt den Tatbestand des Aufruhrs und konnte sich auf eine Stellungnahme des Cottbusser SD-Chefs berufen, der wahrheitswidrig nach „staatspolizeilichen Ermittlungen" keine Erkenntnisse über den Vorgang haben wollte. Der Präsident des Oberlandesgerichtes Hamburg fürchtete angesichts der unbestreitbaren Tatsachen um die Reputation des SD: „Da es sich um die derzeitigen bekannten spontanen Reaktionen gegen die Juden handelte, ist nicht ausgeschlossen, daß die Behauptung des Rechtsanwaltes durch die Beweisaufnahme erhärtet werden könnte, ... daß eine Auskunft des Chefs der Sicherheitspolizei und des SD unrichtig gewesen sei."[16] Das Reichsjustizministerium stützte die Rechtsauffassung der Helvetia und differenzierte zwischen einer breiten Definition des „Aufruhrs" in den Versicherungsbedingungen der Allgemeinen Feuerversicherung und einer engen in den speziellen Aufruhr-Versicherungsbedingungen. Die Bedingungen der Aufruhr-Versicherung decke nur die Tatbestände des strafrechtlichen Aufruhrs, der aber nach „der Natur der Ereignisse" nicht stattgefunden habe. T. kapitulierte letztlich und zog, sicherlich in Kenntnis der spitzfindigen und wahrheitsverdrehenden Argumentation und entsprechend negativen Einstellung des Gerichtes, ihre Klage im Mai 1941 zurück.

Die Zahl der Gerichtsverfahren wegen verweigerter Versicherungsansprüche im Zusammenhang mit dem Novemberpogrom war erstaunlich gering. Nur wenige jüdische Geschädigte trauten sich offenbar vor Gerichten zu klagen, wenn ihre Versicherungsgesellschaften Leistungen aus Schäden des Novemberpogroms verweigerten. Die Versicherungswirtschaft, staatliche Ministerien und die Justiz taten nach dem November 1938 gemeinsam alles, um die Pogromtäter zu decken und die Entschädigung der jüdischen Opfer zu verhindern.

3. Jüdische Lebens- und Sachversicherungen im Nationalsozialismus

3.1. Versicherungstechnische Verluste bei Rückkauf jüdischer Lebens- und Rentenversicherungen

Die jüdische Bevölkerungsgruppe nahm als eine der wenigen nicht am konjunkturellen Aufschwung der 30er Jahre in Deutschland teil, sondern wurde nach und nach aus der Wirtschaft ausgeschlossen. Von den im Jahr 1933 ursprünglich rund 100.000 jüdischen Betrieben in Deutschland waren im April 1938 schon ca. 60 Prozent liquidiert oder „arisiert“ worden. Während zur gleichen Zeit händeringend Arbeitskräfte gesucht wurden, stieg die Zahl jüdischer Arbeitsloser auf rund 60.000. Die jüdische Arbeitslosenquote war damit in der Phase der Vollbeschäftigung höher als der Arbeitslosenanteil in der wirtschaftlichen Depression 1930–32. Nach dem Novemberpogrom 1938 wurden die Juden gänzlich aus dem Wirtschaftsleben ausgeschlossen. Bis zu ihrer Deportation in den 40er Jahren zehrten sie von den Verkaufserlösen ihrer Besitztümer und von Ersparnissen wie z. B. Lebensversicherungen, die beliehen oder zurückgekauft wurden. Diese aus der Not liquide gemachten Geldmittel lagen auf von der Gestapo kontrollierten Sperrkonten fest. Ihre jüdischen Eigentümer erhielten daraus nur die Mittel für den notwendigsten Lebensbedarf.

Der vorzeitige Rückkauf einer Versicherung war und ist aufgrund der Geschäftspläne von Lebensversicherungsunternehmen mit finanziellen Verlusten für die Versicherten verbunden. In den ersten Versicherungsjahren wird oftmals überhaupt keine Rückzahlung, der so genannte Rückkaufswert, fällig, weil vor allem die Vermittlungsprovisionen aus den ersten Prämienzahlungen finanziert werden. Bei vorzeitiger Vertragsaufgabe erzielen die Gesellschaften so genannte Stornogewinne, die seinerzeit durchschnittlich fünf Prozent des Rückkaufswertes betrugen. Der Verlust bei Rückkauf war zwar keine antisemitische Sondermaßnahme, aber jüdische Versicherte waren durch diese Vertragskonstruktion besonders benachteiligt, wenn sie ab 1933 infolge wirtschaftlicher Verarmung die Versicherungsprämien nicht mehr zahlen konnten oder bei Emigration ihre Versicherungen vorzeitig kündigen mussten. Wahrscheinlich ist die Mehrzahl aller jüdischen Lebens- und Rentenversicherungen bis zum Anfang der 40er Jahre vorzeitig zurückgekauft worden. Bei der größten deutschen Lebensversicherungsgesellschaft, der Allianz, waren 80–90 Prozent aller Verträge von den jüdischen Versicherten gekündigt worden.[17]

Die Gesellschaften nahmen die unverschuldete Änderung der Lebens- und Finanzumstände der Juden nicht zum Anlass, um entgegenkommende Regelungen in der Lebens- und Rentenversicherung zu treffen. Im Gegenteil, sie versuchten die Zwangslage der jüdischen Versicherten und die antisemitische Stimmung zu ihrem geschäftlichen Vorteil auszunutzen. Als nach dem Novemberpogrom 1938 viele Juden ihre Versicherung zurückkaufen wollten, beantragten einige Versicherungsgesellschaften beim Reichsaufsichtsamt für Privatversicherung – die zuständige staatliche Aufsichtsbehörde -, das übliche Wahlrecht zwischen Rückkauf und Prämienfreistellung mit herabgesetzter Versicherungssumme für jüdische Versicherte auszuschließen. Wegen der Vielzahl der Fälle und aus angeblichen Liquiditätsgründen wollten die Versicherungsgesellschaften für jüdische Versicherte nur noch Prämienfreistellungen erlauben. Damit wäre das Deckungskapital vorerst unter Verwaltung der Versicherungsgesellschaften verblieben. Das Reichsaufsichtsamt unterband allerdings die Absicht, jüdischen Versicherten das Rückkaufsrecht vorzuenthalten. Bis zur Übernahme der Präsidentschaft im

Aufsichtsamt durch einen radikalen NS-Politiker Ende 1939 unterstützte das Amt offensichtlichen Rechtsbruch bei jüdischen Verträgen noch nicht.

3.2. Die illegale Kündigungsaktion der Volksfürsorge Lebensversicherung AG 1938

Einen anderen Weg bestritt die Hamburger Volksfürsorge Lebensversicherung AG nach dem Novemberpogrom 1938. Die Volksfürsorge war vor 1933 ein gewerkschaftlich-genossenschaftliches Unternehmen gewesen, dessen Kundschaft sich vor allem aus der Arbeiterschaft rekrutierte. Die Volksfürsorge fiel nach der Zerschlagung der Gewerkschaftsbewegung im Mai 1933 an die Deutsche Arbeitsfront (DAF). Wie das andere große Unternehmen der DAF-Versicherungsgruppe, der Deutsche Ring, agierte die Volksfürsorge in der Zeit des Nationalsozialismus besonders systemkonform und antisemitisch. 1934 hatte sie sich zunächst pragmatisch dafür entschieden, Juden zu versichern, weil es „verwerflich [sei], wenn Juden ihre Prämien an ausländische, im Deutschen Reich zugelassene Gesellschaften abführen".[18] Nach dem Novemberpogrom 1938 ergriff die Volksfürsorge jedoch sofort besondere Maßnahmen gegen ihre jüdischen Versicherten. Sie wies ihre nebenberuflichen Kassierer an, die jüdischen Versicherungen zu stornieren und den Versicherten den Rückkaufswert auszuzahlen.[19] Doch da in den Versicherungsanträgen nicht nach der Religionszugehörigkeit gefragt wurde, ist unklar, wie die jüdische Herkunft der Versicherten festgestellt wurde. Vermutlich konnte sich die Geschäftsleitung darauf verlassen, dass die Kassierer, die monatlich die Prämien bei den Versicherten in bar einnahmen, ihre Inkassobezirke sehr gut kannten. Dieses Vorgehen stellte einen offenkundigen Vertragsbruch dar. Eine Versicherungsgesellschaft war und ist keineswegs berechtigt, Lebensversicherungsverträge von sich aus zu kündigen, wenn die Versicherten ihren Pflichten, insbesondere der zur Prämienzahlung, nachkommen. Wie viele Verträge rechtswidrig aufgelöst wurden, lässt sich nicht ermitteln. Doch dürfte der Anteil jüdischer Versicherter gering gewesen sein, da der überwiegende Teil der Volksfürsorge-Kundschaft aus der Arbeiterschaft stammte und der Anteil jüdischer Arbeiterfamilien gering war. Es handelte sich um eine eigenständige Aktion der Volksfürsorge, denn rechtliche Sondervorschriften für die Behandlung jüdischer Lebensversicherungen gab es 1938 noch nicht.

Dienstanweisung | Volksfürsorge Lebensversicherungs-Aktiengesellschaft Hamburg - An der Alster 57/61 | 6 Anträge u. Bestandsver[...] Volk und Großleben

Nummer 6/89 | 15. Januar 1939

Betrifft: Versicherungen von Juden

Im Anschluss an das Schreiben der Organisationsabteilung vom 2. Dezember 1938 teilen wir Ihnen mit, daß wir das Inkasso für Versicherungen von Juden durch unsere Vertrauensmänner nicht mehr vornehmen lassen wollen.

Wir bitten Sie deshalb, die in Betracht kommenden Versicherungen sofort zu stornieren. Die Versicherten erhalten von uns eine Mitteilung, in der wir ihnen hiervon Kenntnis geben und ihnen die Auflösung der Verträge mit sofortiger Wirkung gegen Auszahlung der Rückkaufswerte anbieten.

Dienstanweisung

Volksfürsorge
Lebensversicherungs-
Aktiengesellschaft
Hamburg - An der Alster 57/61

2 Organisation

Nummer 2/65

1. März 1939

Betrifft: Versicherung von Halbjuden

Die Frage der Versicherungen von Volljuden ist bereits in der Weise geregelt, daß wir etwa bestehende Versicherungen abwickeln und selbstverständlich solche erneut nicht aufnehmen.

Unser Außendienst ersucht uns nun in einigen Fällen um unsere Stellung zur Versicherung von Halbjuden. Die Deutsche Arbeitsfront und die einzelnen Wirtschaftsgruppen bestimmen im allgemeinen, daß Verträge, die mit Halbjuden geschlossen sind, aufrechterhalten werden. Während aber durchweg ein Mischling ersten Grades als Halbjude angesehen wird, kennt das Gesetz noch die Eingruppierung unter die Volljuden, wenn ein solcher Mischling sich zur jüdischen Religionsgemeinschaft bekennt oder durch seine sonstige Einstellung bekundet, daß er sich zur jüdischen Rasse gehörig betrachtet. Ebenso gehören dazu die Fälle, in denen ein Halbjude mit einem jüdischen Ehepartner verheiratet ist. Die Frage einer Stornierung ist in solchen Fällen der Abteilung Organisation vorzulegen. Ist der arische Ehepartner einer Mischehe Antragsteller für eine Versicherung auf das eigene Leben, so ist diese Versicherung selbstverständlich aufrechtzuerhalten. Hat dagegen der arische Ehepartner eine Versicherung auf das Leben des jüdischen Ehepartners abgeschlossen, so ist diese zu stornieren.

Während wir die Neuaufnahme von Halbjuden nicht betreiben wollen, bestehen keine Bedenken gegen Abschlüsse bei Vierteljuden. Diese sollen ja auch von Gesetzes wegen über die mit einem immer geringer werdenden Prozentsatz jüdischen Blutes belasteten Nachkommen dem deutschen Volkskörper angeglichen werden. Die Gliederungen der Partei, wie DAF., NSV. usw., nehmen Halbjuden als Mitglieder auf, wenn auf sie die im zweiten Absatz angeführten Erschwerungen nicht zutreffen. Eine solche Mitgliedschaft bei einer Gliederung kann für uns gleichzeitig Maßstab bei der Aufrechterhaltung von Versicherungen sein.

Anweisungen der Volksfürsorge Lebensversicherung an den Außendienst zur Kündigung jüdischer Verträge nach dem Novemberprogrom 1938.

Die durch das Versicherungsrecht nicht abgesicherte Kündigung von Lebensversicherungen durch den Versicherer war ständige Praxis der anderen großen Versicherungsgesellschaft der DAF-Versicherungsgruppe. Der Deutsche Ring war eine Gründung des strikt antisemitischen Deutsch-Nationalen Handlungsgehilfenverbands und 1933 ebenfalls in den Besitz der DAF gelangt. Der Deutsche Ring hatte zwar selbst schon vor 1933 keine Juden aufgenommen, übernahm jedoch bei Fusionen und Zusammenschlüssen jüdische Versicherungen aus den Beständen anderer Versicherungsgesellschaften. In solchen Fällen kündigte der Deutsche Ring die Versicherung, „da unser Unternehmen [...] nach Maßgabe seiner völkischen Prinzipien seither es abgelehnt hat, Nichtarier zu versichern oder sonstige Geschäfte mit diesen zu tätigen".[20]

3.3. Devisenverlust bei Fremdwährungsversicherungen

Nach der Inflation 1922/23 waren Fremdwährungsversicherungen in Deutschland sehr beliebt. Prämien und Versicherungsleistungen wurden in Devisen, überwiegend US-Dollar und Schweizer Franken, erbracht, um unabhängig von der deutschen Währung vorzusorgen und vor einer erneuten deutschen Geldentwertung geschützt zu sein. Ein wichtiges wirtschaftspolitisches Problem Deutschlands nach der Machtübernahme 1933 durch die NSDAP war die Devisenknappheit. Ziel der staatlichen Finanzpolitik war es, die Devisen aus privater in öffentliche Hand umzuleiten, um z. B. Rohstoffe für die Aufrüstung einführen zu können. Ab September 1934 wurden keine Devisengenehmigungen mehr für Prämienzahlungen auf Fremdwährungsversicherungen erteilt; deshalb wurden die Versicherungen in Reichsmark-Versicherungen mit Fremdwährungsanteil in Höhe der bereits in Devisen gezahlten Prämienreserve umgewandelt. 1938 wurde schließlich auch dieser Fremdwährungsanteil auf Reichsmark umgestellt. Somit konnte die Reichsbank auf die zur Deckung der Fremdwährungsversicherungen von den Versicherungsgesellschaften gehaltenen Devisen zugreifen und den Versicherungsgesellschaften dafür Reichsmark zuteilen. Das Deckungskapital der ursprünglichen Fremdwährungsversicherungen wurde nun in Reichsmark ausgewiesen. Diese Maßnahme traf auswanderungsbereite Juden in besonderem Maße, da sich ihr Devisenguthaben über Nacht in für sie wertloses Reichsmarkguthaben verwandelte, das sie nicht ausführen konnten.

3.4. Ausschluss aus Pensionsversicherungen und betrieblicher Altersversorgung

In Deutschland bestand eine Vielzahl von regionalen, konfessionellen, berufsständischen und anderen Vereinen, die ihren Mitgliedern Sterbe- oder Krankengeld gewährten. Bereits 1933 schlossen viele dieser Unterstützungsvereine jüdische Mitglieder aus, nachdem diese aus ihren Träger- oder Berufsverbänden ausgegrenzt worden waren. 1935 verweigerte z. B. eine Innungskasse der Fleischermeister ihrem 1934 nach Palästina ausgewanderten Mitglied die Pensionsleistung. Der Emigrant verklagte die Kasse, verlor aber vor Gericht, weil seine jüdische Abstammung „unter den Verhältnissen des heutigen nationalsozialistischen Staates eine besondere Eigenart erhalten" habe. Das Gericht verdrehte in abenteuerlicher Weise die Ursache der jüdischen Emigration und unterstellte, dass der jüdische Fleischermeister „durch die Auswanderung sichtbar seine Verbindung mit der Gemeinschaft der Volksgenossen und dem Lande, aus dessen Mitteln er seinen Unterhalt bezieht, gelöst" habe.[21]

Die Mitgliedschaft in einem betrieblichen Pensionsverein bzw. der Verbleib als versicherte Person in einem Firmen-Gruppenversicherungsvertrag war an den Arbeitsplatz gebunden. Schieden Arbeitnehmerinnen und Arbeitnehmer vor Erreichen der Pensionsgrenze aus dem Unternehmen, so standen ihnen in der Regel nur die selbst eingezahlten unverzinsten Prämienteile zu. Der Arbeitgeberanteil, in der Regel mindestens die Hälfte, und die Zinsen fielen an die Pensionskasse und kamen den anderen versicherten Beschäftigten zugute. Diese Konstruktion sollte Arbeitnehmerinnen und Arbeitnehmer an das Unternehmen binden und Betriebstreue belohnen. Diese Bestimmungen trafen die jüdischen Beschäftigten besonders hart, wenn sie nach 1933 aus rassistischen Gründen entlassen wurden. Das „Gesetz zur Wiederherstellung des Berufsbeamtentums", das jüdische Beamtinnen und Beamte aus dem Staatsdienst entfernte, wurde – obwohl rechtlich nicht erforderlich – in vielen Teilen der privaten Wirtschaft umgesetzt. Spätestens ab 1938 wird es kaum noch aktive jüdische Beschäftigte gegeben haben, die durch eine Pensionskasse oder eine Gruppenversicherung abgesichert waren. Die Eingaben an das Reichsaufsichtsamt für Privatversicherung, die zumindest die Auszahlung der Arbeitgeberanteile an die schuldlos entlassenen Juden verlangten, wurden abgelehnt. Dabei hätte das Aufsichtsamt über Spielräume in der Auslegung der Bestimmungen verfügt. So argumentierte 1937 der jüdische Versicherungsrechtler Ernst Bruck, zwangsemeritierter Professor der Universität Hamburg, in einem Gutachten im Auftrag entlassener jüdischer Beschäftigter der Firma Reichelt, dass der Beitritt zur Pensionskasse zwangsweise an den Antritt des Arbeitsplatzes bei Reichelt gekoppelt war. Die Arbeitgeberbeiträge zur Pensionskasse seien damit vorenthaltenes Arbeitsentgelt, auf das die zwangsweise ausgeschiedenen jüdischen Mitarbeiter ein Recht hätten. „Viele haben dem Betrieb wertvolle Dienste geleistet und wären nach aller Voraussicht noch bis zur Vollendung des 65. Lebensjahres in Diensten der Firma verblieben. [...] Ihre Entlassung wäre nicht in Frage gekommen. Der Verlust der Arbeitgeberanteile wirkt sich auf sie viel schwerer aus, weil ihnen trotz besten Willens die Wiederaufnahme einer gleichartigen Tätigkeit unmöglich ist."[22] Brucks Gutachten blieb wirkungslos, weil sich das Reichsaufsichtsamt seiner Meinung nicht anschloss.

3.5. Direkte staatliche Konfiskation jüdischer Lebens- und Pensionsversicherungen

Neben den bereits geschilderten Schädigungen durch die versicherungstechnischen Bestimmungen wurde jüdisches Versicherungsvermögen auch vor 1941 von unmittelbaren Zwangsmaßnahmen des NS-Staates betroffen, obwohl es bis dahin keine staatlichen Sonderbestimmungen für jüdische Lebens- und Rentenversicherungen gab. Doch das Vermögen von so genannten Staatsfeinden konnte aufgrund des „Gesetzes über die Einziehung volks- und staatsfeindlichen Eigentums" vom 14.7.33 beschlagnahmt werden. Gegenüber im Ausland lebenden missliebigen Personen gab das am gleichen Tag in Kraft tretende „Gesetz über den Widerruf der Einbürgerung" die Möglichkeit der Vermögenskonfiszierung. Bis 1941 spielten beide Gesetze bei der Beschlagnahme jüdischer Versicherungswerte eine erhebliche Rolle. Nach der Auswanderung oder Flucht ins Ausland wurden Juden häufig in Abwesenheit wegen angeblicher Devisenvergehen angeklagt und zu Steuernachzahlungen verurteilt. Im Rahmen der Zwangsvollstreckung solcher Urteile wurden auch Leistungen aus Lebensversicherungen gepfändet.

Die 11. Verordnung (VO) zum Reichsbürgergesetz vom 25.11.41 war die finanzpolitische Ergänzungsmaßnahme zu den zeitgleich beginnenden Deportationen in die Ghettos und Vernichtungslager des Ostens. Das Vermögen der Juden, die, wie es zynisch ausgedrückt wurde, „ihres gewöhnlichen Aufenthalts im Ausland“ wegen ihre deutsche Staatsangehörigkeit verloren, fiel an das Deutsche Reich „zur Förderung aller mit der Lösung der Judenfrage im Zusammenhang stehenden Zwecke“.[23] Die Versicherungsgesellschaften waren verpflichtet, dem Oberfinanzamt Berlin die jüdischen Versicherungsvermögen anzuzeigen. Sicherlich wurden nicht alle jüdischen Versicherungen erkannt. Eine Versicherungsgesellschaft meldete ihre Schwierigkeiten, die Rassenzuschreibung der Versicherten zu erkennen: „Wir werden daher genötigt, damit zu beginnen, unseren ganzen Versicherungsbestand, der 130.000 Akten umfaßt, Akte für Akte daraufhin durchzusehen, ob irgendein ausgewanderter deutscher Jude an diesen Versicherungen Rechte besitzt. Es bedarf wohl keiner weiteren Ausführung, daß, zumal bei dem gegenwärtigen Personalmangel, diese Arbeit in der durch die Verordnung vorgesehenen Frist bis 25.5.1942 nicht abgeschlossen werden konnte [...] Selbst wenn diese Arbeit abgeschlossen sein wird, können wir keine Gewähr dafür übernehmen, daß uns nicht einzelne Rechte solcher ausgewanderten deutschen Juden, die anmeldepflichtig wären, entgangen sind.“[24]

Eine weitere Möglichkeit, die Versicherungsguthaben festzustellen, ergab sich aus den Vermögenserklärungen der Deportierten. Sowohl die Vordrucke zur Enteignung aufgrund der 11. VO als auch diejenigen zur Enteignung volks- und staatsfeindlichen Vermögens enthielten Fragen nach Versicherungsverträgen. Nach der Deportation konnten die Finanzbehörden dann die Rückkaufswerte von den Versicherungsgesellschaften anfordern.

Nach der Erfassung der jüdischen Versicherungsvermögen regelte das Reichsaufsichtsamt die Modalitäten der Enteignung. Die unter die 11. VO fallenden Kapital-Lebensversicherungen mit laufender Prämienzahlung galten danach zum 31.12.41 als gekündigt. Der Rückkaufswert einschließlich banküblicher Zinsen vom 31.12.41 bis zum tatsächlichen Überweisungstag war von den Versicherungsgesellschaften auf Anforderung an das Oberfinanzamt Berlin zu zahlen. Das Finanzamt hatte das Recht, Versicherungsverträge weiterzuzahlen. Diese auf den ersten Blick geradezu widersinnige Regelung hatte folgenden Hintergrund: Stand eine Versicherung kurz vor Ablauf der vereinbarten Versicherungsdauer, war es günstig, die Prämien zu entrichten, da bei Ablauf sämtliche Schlussgewinne ausgezahlt wurden, die bei vorzeitiger Kündigung an die Versicherungsgesellschaft fielen. Für Rentenversicherungen ohne Rückkaufsrecht – bei Tod fiel noch vorhandenes Kapital an die Versicherungsgesellschaft – war festgelegt, dass 75 Prozent des zum 31.12.41 berechneten Deckungskapitals zuzüglich der bis dahin fälligen und noch nicht ausgezahlten Rentenleistungen an das Finanzamt abzuführen seien. Dieser durch die Allgemeinen Vertragsbedingungen ausgeschlossene Zugriff auf das Deckungskapital, eben weil das Rückkaufsrecht ausgeschlossen war, wurde damit begründet, dass die Versicherer „vorzeitig von der Tragung des weiteren Wagnisses befreit sind“.[25] Die amtliche Begründung war hanebüchen, denn das Risiko in der Rentenversicherung besteht in einem (langen) Weiterleben der Versicherten. Im Todesfalle verbleibt noch vorhandenes Deckungskapital bei der Gesellschaft. Wohl in dem Wissen, zumindest aber in der Ahnung, dass das Leben der Deportierten bedroht war, weigerten sich zunächst einige Gesellschaften, die 75 Prozent Deckungskapital auszuzahlen, wenn das Reich nicht nachwies, dass die Rentenversicherten den Stichtag 31.12.41 erlebt hatten. Doch das Reichsaufsichtsamt wies solche Forderungen mit Blick „auf die bekannten Schwierigkeiten der Beibringung einer Lebensbescheinigung“ zurück. Die 75 Prozent-Regelung sei eben eine Pauschal-Regelung ohne Klärung jeden Einzelfalles. Letztendlich akzeptierten alle Gesellschaften nach Klärung vieler Einzelfragen die Beschlagnahme.

Die 11. VO erfasste nur die Juden, die über die Reichsgrenzen verschleppt wurden. Um die übrigen jüdischen Versicherungsvermögen zu erfassen, erließ das Reichsaufsichtsamt im März 1943 weitere Regelungen. Unter Berufung auf das „Gesetz zur Verhinderung volks- und staatsfeindlicher (reichsfeindlicher) Bestrebungen" aus dem Jahre 1933 mussten die Rückkaufswerte aus allen jüdischen Kapital-Lebensversicherungen an das Reich abgeführt werden. Für Rentenversicherungen ohne Rückkaufsrecht galt wiederum die 75 Prozent-Pauschalregelung.

Hauptverwaltung des Deutschen Rings in den 1930er Jahren am heutigen Johannes-Brahms-Platz.

Der Deutsche Ring hatte 1938 beim „Anschluss" Österreichs die Aktien der Österreichischen Versicherungs AG, der Nachfolgegesellschaft der Phoenix Versicherung AG, erhalten. Diese seinerzeit zweitgrößte Versicherungsgesellschaft Europas war 1936 zusammengebrochen und hatte ungedeckte Prämienreserven hinterlassen. Die nunmehr als Deutscher Ring, Wien, geführte Gesellschaft hatte einen erheblichen Bestand an jüdischen Versicherungen, deren Deckungskapital bei der staatlichen Beschlagnahme auf 20 Mio. RM geschätzt wurde. Der Deutsche Ring zahlte 1944 eine Vorauszahlung von 6 Mio. RM an den Oberfinanzpräsidenten Berlin, da durch die außerordentliche Masse der Fälle und die kriegsbedingten Verwaltungsprobleme eine individuelle Abrechnung und Überweisung der Rückkaufswerte zurückgestellt wurde.

Hauptverwaltung der Volksfürsorge Lebensversicherung An der Alster in den 1930er Jahren.

Die 11. VO wurde von der Versicherungswirtschaft zugleich genutzt, um sich von diesem jüdischen Teil der Gemeinschaftsverpflichtungen aus der Nachfolge des österreichischen Phoenix zu befreien. Beim „Anschluss" Österreichs hatte das Deutsche Reich aus propagandistischen Gründen die Erfüllung aller Versicherungsverpflichtungen des Phoenix garantiert, obwohl die Vermögenslage dies nicht zuließ. Die Verbindlichkeiten des Phoenix wurden auf die gesamte deutsche Versicherungswirtschaft in Form von Versicherungsfonds-Schuldverschreibungen verteilt. Der Deutsche Ring als Besitzer des österreichischen Altbestandes und die Schuldenverwaltung des deutschen Phoenix-Bestandes, der „Versicherungsfonds", traten 1942 nach Erlass der 11. VO an das Reichswirtschaftsministerium heran, ob es der deutschen Versicherungswirtschaft weiter „zugemutet" werden sollte, die Umlagen auch für die schätzungsweise 30–50 Prozent jüdischen Versicherungsverträge des Phoenix zu erbringen. Auf die jüdischen Versicherungen sollte nur das beim Phoenix-Zusammenbruch 1936 real vorhandene Deckungskapital angerechnet werden. Damit hätten sich die Versicherungssummen dieser Verträge und entsprechend die Versicherungsfonds-Schuldverschreibungen der Phoenix-Umlage für die Versicherungswirtschaft verringert. Auch wenn in diesem Fall das Deutsche Reich „geschädigt" werden sollte, denn die so gekürzten Versicherungsleistungen jüdischer Verträge wurden durch die 11. VO zu Gunsten des Reiches beschlagnahmt, so zeigt der Vorgang, wie die Versicherungswirtschaft antijüdische Maßnahmen für eigene Geschäftsinteressen instrumentalisierte.

3.6. Schäden aus jüdischen Unfall-, Haftpflicht- und Schadenversicherungsverträgen

Versicherungsverträge wurden in der Regel mit einer Laufzeit von einem Jahr und einer Jahresprämie abgeschlossen. Eine Kündigung war nur zum Ende der vereinbarten Versicherungsperiode möglich. Der unverbrauchte Teil der Prämie fiel an die Versicherungsgesellschaft, selbst wenn das versicherte Interesse im Laufe des Versicherungsjahres weggefallen war. War also eine versicherte Sache verkauft oder zerstört, bekamen die Versicherten den unverbrauchten Anteil der Jahresprämie nicht zurück. Das Dogma der „unteilbaren Jahresprämie" war keine besondere antisemitische, sondern eine allgemein verbraucherfeindliche Bestimmung. Sie traf die jüdischen Versicherten nach dem 30.1.33 allerdings besonders hart, wenn durch gesetzliche Maßnahmen oder durch wirtschaftliche Not das versicherte Risiko nicht mehr vorhanden war. So verneinten die Versicherungsgesellschaften und das Reichsaufsichtsamt ein außerordentliches Recht zur Vertragsauflösung wegen unvorhergesehener Änderung der Lebensverhältnisse in Zusammenhang mit dem „Gesetz zur Wiederherstellung des Berufsbeamtentums". Die zwangspensionierten jüdischen Beamtinnen und Beamten oder mit Berufsverbot belegten Ärztinnen und Ärzte, Anwältinnen und Anwälte usw. wurden auf die normalen Kündigungsfristen zum Ende der Versicherungsperiode verwiesen. Ein jüdischer Rechtsanwalt und Notar, dem aufgrund des Reichsbürgergesetzes im Dezember 1935 das Notariat entzogen wurde, musste gegen seinen Willen die Anwaltsversicherung fortsetzen, weil seine Zulassung als Anwalt nicht erloschen war.[26]

Der gleiche Mechanismus traf jüdische Kfz-Besitzerinnen und Besitzer nach dem Novemberpogrom. Der Reichsführer SS und Chef der Deutschen Polizei, Heinrich Himmler, ordnete im Dezember 1938 ein Fahrverbot für alle Juden an. Die meisten mussten ihr Auto, teilweise im Wege der „wilden Arisierung" untergeordneter Stellen, zu Schleuderpreisen verkaufen. Die im Voraus gezahlte Jahresprämie verfiel, wenn „arische" Käufer ihr Kündigungsrecht wahrnahmen und lieber bei einer anderen Gesellschaft eine Kfz-Versicherung abschlossen. Einen Extremfall verhandelte das Amtsgericht Berlin-Charlottenburg: Der jüdische Kläger musste drei Tage nach Beginn des Versicherungsschutzes sein Auto verkaufen und erhielt – da übliche Versicherungspraxis – von der Jahresprämie nichts zurück. Das Gericht wies seine Klage gegen die Versicherungsgesellschaft ab und bestätigte den Prämienverfall: „Die gegenteilige Auffassung müßte sogar dazu führen, daß der Jude, der infolge [des Fahrverbotes] seinen versicherten Wagen verkauft, besser gestellt wäre als der deutsche Volksgenosse beim Verkauf seines Wagens aus wirtschaftlicher Not, also zu einem ganz untragbaren Ergebnis."[27]

1942 bestimmte das Reichsaufsichtsamt, dass auf Grundlage der 11. VO zum Reichsbürgergesetz vom 25.11.41 Schaden-, Haftpflicht- und Unfallversicherungsverträge von Juden erloschen seien. Auch für diese Verträge verblieb der unverbrauchte Teil der Prämien bei den Versicherungsgesellschaften. Ausnahmeregelungen vom „Prinzip der unteilbaren Jahresprämie" konnten für nichtjüdische Versicherte dagegen durchaus gefunden werden. Nach Absprache mit dem Reichswirtschaftsministerium und dem Reichsaufsichtsamt wies die Reichsgruppe Versicherungen – darin waren alle Versicherungsgesellschaften nach einer gesetzlichen Anordnung seit 1934 organisiert – im Februar 1942 an, dass auf die Lage der von Kriegsschäden betroffenen Unternehmen besondere Rücksicht genommen werden müsse. Insbesondere sollte der Grundsatz von der „unteilbaren Prämie" nicht zur Geltung kommen und eine Prämienreduzierung bei Gefahrminderung möglich sein, auch wenn die vereinbarten Versicherungsbedingungen dies nicht vorsähen. 1943 wurde die Regelung der „unteilbaren

Prämie“ kurzerhand gesetzlich außer Kraft gesetzt. Das auffällige Unrecht, dass die Versicherungsgesellschaften durch das Versicherungsvertragsrecht an Kriegszerstörungen indirekt verdienten, weil sie die unverbrauchten Prämien behielten, obwohl die versicherte Sache zerstört worden war, wurde angesichts der „arischen“ Kriegsgeschädigten beseitigt. Nach der Novellierung des Versicherungsvertragsrechtes musste nun der Teil der unverbrauchten Prämie erstattet werden, wenn das versicherte Interesse, z. B. ein durch Bomben zerstörtes Haus, wegfiel.

4. Private Krankenversicherung (PKV) im Nationalsozialismus

4.1. Früher Antisemitismus in der PKV-Wirtschaft vor 1933

Ausgeprägten Antisemitismus gab es in der PKV schon vor 1933, der von deutsch-nationalen Kreisen getragen war. Dr. Max Teichmann, Vorstand des zu diesem Zeitpunkt größten PKV-Unternehmens Leipziger Barmenia und Mitglied der Deutsch-Nationalen Volkspartei, ließ sich 1931 in der Fachpresse über das „denkbar schlechteste Risiko der jüdischen Rasse" aus. „Ein außerordentlich entwickelter Familiensinn" würde angeblich zu Überängstlichkeit und zur übermäßigen Inanspruchnahme ärztlicher Leistungen führen.[29] Teichmanns Verdikt war schieres Ressentiment, da die PKV-Wirtschaft zu diesem Zeitpunkt über keine verlässlichen statistischen Unterlagen verfügte. Auch spätere Krankheitsstatistiken aus der Mitte der 30er Jahre differenzierten nicht nach der „Rasse" der Versicherten. Das Hamburger Unternehmen Deutscher Ring Krankenversicherung hatte als einzige große PKV-Gesellschaft schon vor 1933 per Satzung festgelegt, keine Juden zu versichern und warb damit: „Als 1926 das 1. Geschäftsjahr beendet ist, kann der kleine Verein auf 30.000 Mitglieder zurückblicken. Es waren alles Menschen, die aus einer betonten Haltung heraus gewonnen wurden, sie fühlten sich angesprochen durch den Juden-Paragraphen [...]."[30] Der Deutsche Ring war seit 1929 Versicherungspartner der NSDAP und hatte eine Sterbegeldversicherung für NSDAP-Mitglieder und deren Angehörige vereinbart. Im gleichen Jahr war er kurze Zeit Träger der Unfall- und Haftpflichtversicherungen der SA, bevor eine „Hilfskasse" der SA den Versicherungsschutz in eigene Regie übernahm. Die Nationalsozialistische Versicherungshilfe, eine Beratungsstelle bei der NSDAP-Reichsleitung, arbeitete als verdeckte Generalagentur des Deutschen Ringes und zahlte der NSDAP Provisionen für ihre Versicherungsvermittlung. Zugleich stellte der Deutsche Ring zahlreiche arbeitslose NSDAP-Mitglieder als Werber ein. Der NSDAP-Reichstagsabgeordnete Franz Stöhr konnte 1929 über den Deutschen Ring voller Überzeugung sagen, „dass in keinem anderen Versicherungsunternehmen Deutschlands auch nur annähernd die gleiche Gewähr dafür geboten ist, dass das Geld der Partei absolut und vollständig jeden jüdischen Zugriffs entzogen sein würde [...]".[31]

Die sogenannten Handwerkerversicherungsgesellschaften, die von Handwerksinnungen gegründet worden waren und rund ein Drittel des PKV-Marktes beherrschten, nahmen ebenfalls vor 1933 Kontakt mit der NS-Bewegung auf. Ihr Verband hatte enge Verbindungen zum NS-Kampfbund für den Mittelstand und betonte, dass „bereits längere Zeit vor Übernahme der politischen und wirtschaftlichen Macht durch die NSDAP seitens maßgeblicher Wirtschaftsführer der Partei der Gleichklang zwischen Geschäftspolitik unserer Anstalten einerseits und nationalsozialistischer Wirtschaftsauffassung andererseits festgestellt wurde [...]".[32] Sofort nach der Machtübertragung 1933 warben die Handwerkerversicherungen mit einem Empfehlungsschreiben des Leiters des NS-Kampfbundes, Adrian von Rentelen, für den Versicherungsabschluss.

Die Barmenia unterstützte den 1932 von NSDAP-Mitgliedern gegründeten Nationalen Krankenversicherungsverein in Stuttgart, der ausschließlich die NS-Bewegung als Kundenzielgruppe definierte. Die Central Krankenversicherung AG, ein Unternehmen im Besitz der Schweizerischen Rückversicherung, führte eine Generalagentur mit der Bezeichnung Völkische Krankenhilfe Koblenz, die keine Juden versicherte, aber Versicherungsschutz für den gewalttätigen Straßenkampf der NS-Bewegung bot: „Das Risiko aus politischen Streitigkeiten kann gegen Zahlung eines Zuschusses von RM 1,- pro Monat und Mitglied eingeschlossen werden, sofern das Mitglied nicht als Angreifer aufgetreten ist."[33]

4.2. 1933: Antijüdische Restriktionen der PKV-Wirtschaft ohne staatlichen Auftrag

Die jüdische Bevölkerungsgruppe gehörte zur klassischen Klientel der PKV und setzte sich überwiegend aus kleinen selbstständigen Ladenbesitzern, dort beschäftigten Angestellten und zunehmend aus freiberuflich Tätigen zusammen. 1933 war über die Hälfte der rund 240.000 jüdischen Erwerbspersonen selbstständig. Die Zahl jüdischer Versicherungen dürfte recht hoch gewesen sein. Nach dem 30. Januar 1933 durchsetzte nationalsozialistische Rhetorik und antisemitische Propaganda die Kundenwerbung in der PKV. Der in den Besitz der DAF übergegangene Deutsche Ring reklamierte für sich, auf Grund der „Gleichschaltung" und des Besitzwechsels ein dem Nationalsozialismus besonders verbundenes Unternehmen zu sein. Seine Außendienstler arbeiteten rege mit DAF-Dienststellen zusammen und erweckten bei Kunden oftmals den Eindruck, dass sie „von der Partei" kämen. Bereits anderweitig krankenversicherten DAF-Mitgliedern wurde empfohlen, zum Deutschen Ring zu wechseln. Die privaten und öffentlich-rechtlichen Versicherungsgesellschaften wandten sich energisch gegen die Monopolisierungstendenzen des Deutschen Rings im Kreis der 18 Millionen DAF-Mitglieder.[34] Der Deutsche Ring sah sich um die Früchte seines schon vor 1933 eingeschlagenen antisemitischen und antikapitalistischen Kurses gebracht und war der Meinung, „dass der Reichsverband für Privatversicherung bewusst die ganzen Vorgänge entstellt, um auf diese Art und Weise den Deutschen Ring ins Zeug flicken zu können, weil dieser Deutsche Ring in der Vergangenheit und vielleicht auch heute noch eine unbequeme Konkurrenz darstellt und von jeher nach anderen Grundsätzen handelte als die privaten Versicherungsgesellschaften".[35] Doch die von den Nationalsozialisten verkündete soziale „Revolution" erwies sich ausschließlich als antikapitalistische Rhetorik und war schnell beendet. Die auf Privateigentum beruhenden Grundlagen der Wirtschaft waren in der NS-Spitze unumstritten. Zwischen dem Reichsverband der Privatversicherung und der DAF wurde 1934 schließlich ein Wettbewerbsabkommen geschlossen. Letztlich gelang es aber im NS-Staat nie, die Vermischung von Geschäft und Partei bei der Versicherungswerbung, und zwar nicht beschränkt auf die DAF-Gesellschaften, völlig zu unterbinden.

Das antisemitische Ressentiment avancierte 1933 zu einer der wichtigsten Werbebotschaften in der PKV. Versicherungsagenten stellten ihr eigenes Unternehmen als „judenfrei" dar und verunglimpften die Konkurrenz auf Grund ihrer jüdischen Angestellten, Versicherten und jüdischen Außendienstmitarbeiter. An der Spitze der antijüdischen Kampagne standen zwar von Haus aus antisemitische Krankenversicherungsvereine wie der Nationale Krankenversicherungsverein, der ausschließlich NSDAP-Mitglieder beschäftigte und mit Hakenkreuzinsignien warb, und der Deutsche Ring, aber auch andere Gesellschaften oder einige ihrer Agenten nutzten das jüdische Stigma bei der Akquisition. Die Hamburger Bezirksdirektion der Barmenia gab ihren Außendienstmitarbeitern bekannt, dass „jüdische Kreise in Zukunft bei unserem Unternehmen nicht mehr krankenversichert werden können" und schwärzte andere Versicherungsgesellschaften an, weiterhin das „schlechte Judenrisiko" zu übernehmen.[36] Die zu den Handwerkerversicherungen zählende Nordwestdeutsche Versicherungsanstalt (Nova) aus Hamburg erwirkte sogar eine einstweilige gerichtliche Verfügung gegen den Nationalen Krankenversicherungsverein und untersagte diesem die Behauptung, „man könne nicht wissen, wie viele Juden bei der Nordwestdeutschen Versicherungsanstalt a. G. für Handwerk und Gewerbe, Sitz Hamburg, wären."[37] Wie die Barmenia gingen viele

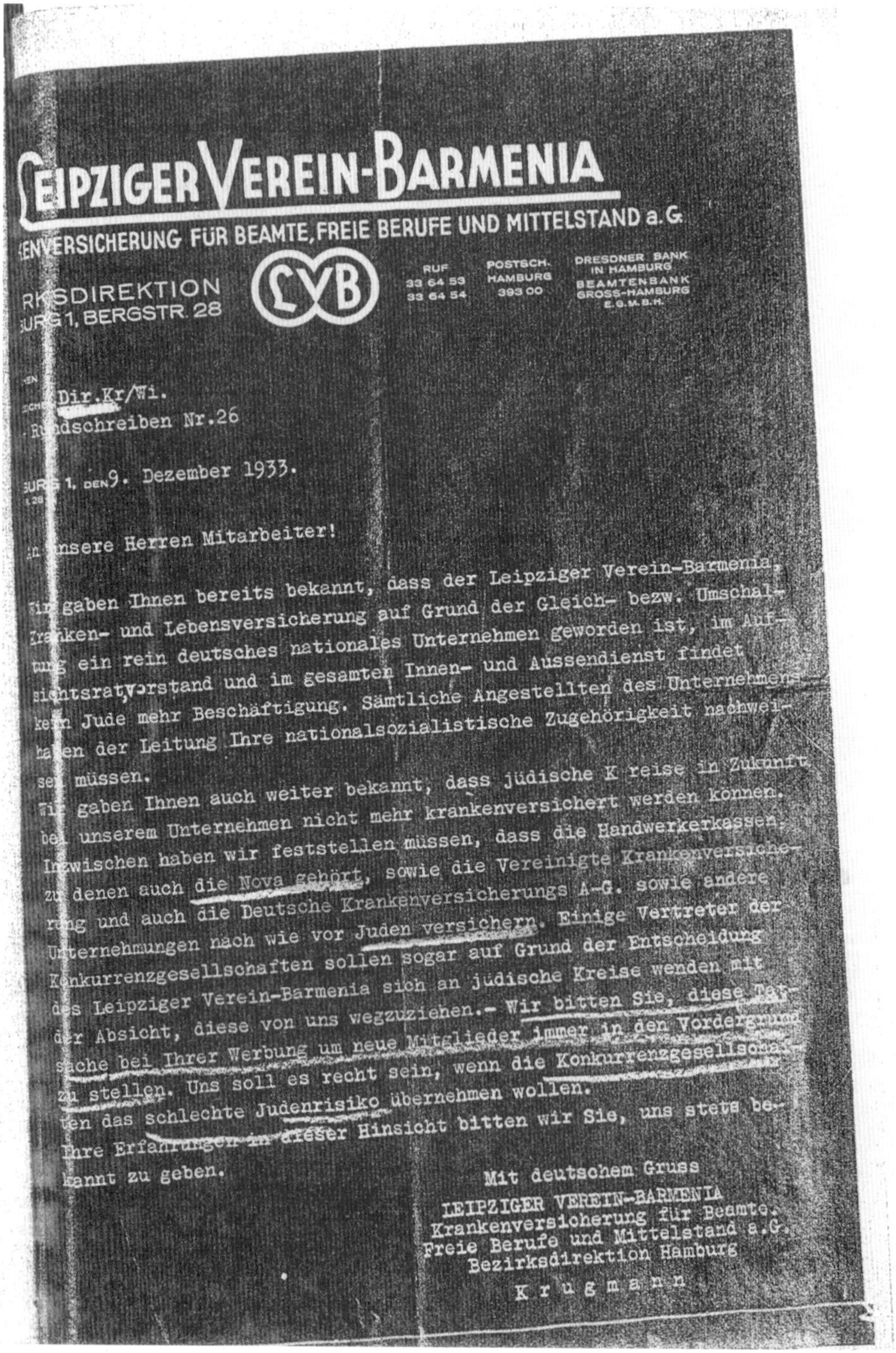

LEIPZIGER VEREIN-BARMENIA
...ENVERSICHERUNG FÜR BEAMTE, FREIE BERUFE UND MITTELSTAND a.G.

...RKSDIREKTION
...URG 1, BERGSTR. 28

LVB

RUF 33 64 53 33 64 54
POSTSCH. HAMBURG 393 00
DRESDNER BANK IN HAMBURG
BEAMTENBANK GROSS-HAMBURG E.G.M.B.H.

Dir.Kr/Wi.
Rundschreiben Nr.26

...URG 1, DEN 9. Dezember 1933.

An unsere Herren Mitarbeiter!

Wir gaben Ihnen bereits bekannt, dass der Leipziger Verein-Barmenia, Kranken- und Lebensversicherung auf Grund der Gleich- bezw. Umschaltung ein rein deutsches nationales Unternehmen geworden ist, im Aufsichtsratvorstand und im gesamten Innen- und Aussendienst findet kein Jude mehr Beschäftigung. Sämtliche Angestellten des Unternehmens haben der Leitung Ihre nationalsozialistische Zugehörigkeit nachweisen müssen.

Wir gaben Ihnen auch weiter bekannt, dass jüdische K reise in Zukunft bei unserem Unternehmen nicht mehr krankenversichert werden können. Inzwischen haben wir feststellen müssen, dass die Handwerkerkassen, zu denen auch die Nova gehört, sowie die Vereinigte Krankenversicherung und auch die Deutsche Krankenversicherungs A-G. sowie andere Unternehmungen nach wie vor Juden versichern. Einige Vertreter der Konkurrenzgesellschaften sollen sogar auf Grund der Entscheidung des Leipziger Verein-Barmenia sich an jüdische Kreise wenden mit der Absicht, diese von uns wegzuziehen.- Wir bitten Sie, diese Tatsache bei Ihrer Werbung um neue Mitglieder immer in den Vordergrund zu stellen. Uns soll es recht sein, wenn die Konkurrenzgesellschaften das schlechte Judenrisiko übernehmen wollen. In dieser Hinsicht bitten wir Sie, uns stets Ihre Erfahrungen bekannt zu geben.

Mit deutschem Gruss
LEIPZIGER VEREIN-BARMENIA
Krankenversicherung für Beamte.
Freie Berufe und Mittelstand a.G.
Bezirksdirektion Hamburg
K r u g m a n n

Mitteilung der Barmenia-Filiale Hamburg vom 9.12.1933 an den Außendienst über jüdische Versicherungskundschaft.

Versicherungsvereine sofort dazu über, jüdische Anträge nicht mehr anzunehmen oder Neuaufnahmen per Satzung auszuschließen. Dagegen warben anfangs Gesellschaften wie etwa die Nova in jüdischen Kundenkreisen und nutzten den zur Schau gestellten Antisemitismus einiger Gesellschaften zur gezielten Abwerbung von jüdischen Versicherten. Auch wenn kein politisch-moralisches Argument, sondern sicherlich das Provisionsinteresse von Versicherungsagenten die weitere Aufnahme von Juden motivierte, belegt es die Handlungsfreiheit der PKV-Gesellschaften in der „Judenfrage" 1933. Staatliche Vorgaben, Verbandsbeschlüsse oder Empfehlungen existierten nicht. Die Gesellschaften, teilweise auch ihre Filialen und Bezirksdirektionen, entschieden selbstständig. Die antisemitische Karte wurde innerhalb der Versicherungswirtschaft vor allem in der PKV-Branche gespielt. Die Barmenia unterrichtete 1933 das Reichsaufsichtsamt, „dass Angriffe wegen der Beschäftigung des Herrn Direktor Katz [des jüdischen Gesellschaftsarztes] nur in der Krankenversicherung vorgekommen sind, während solche Konkurrenzmaßnahmen in der Lebensversicherung überhaupt unbekannt sind und deshalb auch gegen uns nicht angewendet werden, wie ja auch in anderen Gesellschaften Nichtarier sogar im Vorstand verbleiben können".[38]

Mit rassistischen Unterstellungen gegen jüdische Versicherte und vor allem gegen jüdische Ärztinnen und Ärzte wurde die Aufsehen erregendste und einschneidendste Aktion des Jahres 1933, der Ausschluss der jüdischen Ärzteschaft aus der Erstattung der PKV, gerechtfertigt. Seniorpartner der PKV-Wirtschaft war die deutsche Ärzteschaft, die schon vor 1933 für nationalistische und autoritäre Tendenzen anfällig gewesen war. Die Vorlage für den Ausschluss stammte aus der gesetzlichen Krankenversicherung, denn im April 1933 wurden die Bestimmungen des „Gesetzes zur Wiederherstellung des Berufsbeamtentums" auf die Sozialversicherung übertragen. Juden konnten nur Kassenärztinnen und -ärzte bleiben, wenn sie Frontkämpfer des Ersten Weltkrieges oder Hinterbliebene solcher waren, so dass rund 40 Prozent der jüdischen Ärztinnen und Ärzte die Zulassung zu den gesetzlichen Kassen verloren.

Im Mai 1933 kam der größte Zusammenschluss von PKV-Gesellschaften, der sogenannte Leipziger Verband, mit den Organisationen der Ärzteschaft, dem Hartmann-Bund und der Kassenärztlichen Vereinigung, überein, dass die Verbandsgesellschaften Rechnungen nichtjüdischer Patienten nicht mehr erstatten, wenn sie jüdische Ärztinnen und Ärzte in Anspruch genommen hatten. Nur noch jüdische Versicherte durften weiterhin Rechnungen jüdischer Ärztinnen und Ärzte einreichen. Rechnungen kommunistischer Ärztinnen und Ärzte sollten generell nicht mehr übernommen werden. Staatliche Stellen waren an den Verhandlungen nicht beteiligt und lehnten zu diesem Zeitpunkt antijüdische Maßnahmen in der Wirtschaft generell ab. Das Reichswirtschaftsministerium befürchtete nachteilige Auswirkungen im Ausland und eine nicht gewollte Vorentscheidung für die gesamte Privatwirtschaft. Der im Mai 1933 verabredete Ausschluss der gesamten jüdischen Ärzteschaft ging weit über die staatlichen Maßnahmen gegen jüdische Beamtinnen und Beamte und die Regelung in den gesetzlichen Kassen hinaus, denn die Frontkämpfer-Klausel schützte die Mehrzahl der jüdischen Ärztinnen und Ärzte. Auf Anweisung des Reichswirtschaftsministeriums mussten die Organisationen der Ärzteschaft und der Leipziger Verband die Frontkämpfer-Regelung für die PKV akzeptieren. Über den Ausschluss jüdischer Ärztinnen und Ärzte wurden alle Versicherten durch Mitgliederzeitungen oder spezielle Informationsblätter unterrichtet. Die Ausschlusslisten wurden in den Filialen veröffentlicht. Die PKV-Gesellschaften standen in ständigem direkten Kundenkontakt, denn die Leistungen wurden zumeist direkt in den Geschäftsstellen an die Versicherten ausgezahlt. Der Aushang der Ausschlusslisten machte die Filialen der PKV-Gesellschaften zu Orten antisemitischer Demonstration.

aus: Ring-Blätter Februar 1934 (3. Jg., Nr. 1)

Ausschluß von Ärzten von der Rechnungserstattung.

Auf Grund des § 7 Ziffer 3 der Allgemeinen Versicherungsbedingungen wird die Erstattung von Rechnungen der nachstehenden Ärzte abgelehnt. Die Erstattungssperre beginnt mit dem 1. April 1934; sie erstreckt sich nicht auf laufende Schadenfälle.

I. Ausschlüsse nichtarischer Ärzte.

(Fortsetzung der Ausschlußliste in Nr. 3/1933.)

Ostpreußen:

Broczyner, Dr., Königsberg
Buetow, Fräulein Dr., Allenstein
Ebstein, Dr., Elbing
Fabian-Grumach, Frau Dr., Königsberg
Feinstein, Dr., Königsberg
Gottschalk, Fräulein Dr., Königsberg
Hirsch, Dr. E., Königsberg
Hulisch, Fräulein Dr., Königsberg
Jaruslawsky, Dr., Königsberg
Jedwabnick, Fräulein Dr., Königsberg
Lauter, Frau Dr., Elbing
Lewin, Dr., Deutsch-Eylau (Kreis Rosenberg)
Lewin, Frau Dr., Deutsch-Eylau (Kreis Rosenberg)
Meyer-Fränkel, Frau Dr., Königsberg
Motulsky, Dr., Königsberg
Neumann, Dr., Allenstein
Perkul, Dr., Königsberg
Posner, Dr. Emil, Insterburg
Rabinowitz, Dr., Königsberg
Rosenkranz, Dr. Gerhard, Insterburg
Simon, Fräulein Dr., Königsberg
Spicker, Dr., Königsberg.

Grenzmark Posen, Westpreußen, Pommern, Mecklenburg:

Geisler, Dr. Harry, Neubrandenburg
Goetzen, Frau Dr. von, Rostock
Josephy, Frau Dr., Rostock
Lichtenstein, Fräulein Dr., Schneidemühl
Liebert, Dr., Rostock
Meier-Ahrens, Dr. Gertie, Neustadt-Glewe
Roese, Dr. Erna, geb. Austerlitz, Stavenhagen (Güstrow)
Rosenhain, Dr. Gertrud, Schwerin
Schlesinger, Dr., Stettin.

Brandenburg (außer Berlin):

Abraham, Dr., Zehlendorf-West
Adler, Frau Dr., Zehlendorf
Alexander, Dr., Rehfelde (Ostbahn)
Aron, Dr. Fritz, Fürstenwalde (Spree)
Bechhoff, Frau Dr., Wannsee (Bez. Potsdam)
Burgheim, Dr., Finsterwalde (N.-L.)
Chajes, Dr. Flora, Zehlendorf
Dessau, Dr. Ernst, Nikolassee
Fink, Dr., Wiesenau (Kreis Guben)
Fischel, Dr. Hermann, Fürstenwalde (Spree)
Friesicke, Frau Dr. Lilli, Brandenburg (Havel)
Geling, Dr. Jacob, Küstrin-Neustadt
Gellmann, Dr. Jacob, Nikolassee
Hesse, Dr., Döbern, Kreis Sorau (N.-L.)
Jacoby, Dr., Neuruppin
Karfunkel, Dr., Zernsdorf (Kreis Teltow)
Kaufmann, Dr. Ernst, Fürstenwalde (Spree)
Kempe, Dr., Oderberg (Kreis Angermünde)
Krombach, Frau Dr., Nowawes (Bezirk Potsdam)
Kronheim, Dr. Otto, Brandenburg (Havel)
Krotoschiner, Dr., Nowawes (Bezirk Potsdam)
Lechner, Dr. Alfred, Landsberg (Warthe)
Liebrecht, Dr., Prenzlau (Um.)
Lublinsky, Dr. Erna, Zehlendorf
Meinhardt, Dr., Schwedt (Oder), Kreis Angermünde
Michel, Dr., Freiwalde, Kreis Luckau
Mischkowski, Dr. Leo (Chaim), Altdrewitz bei Küstrin
Münzer, Dr., Blumberg, Bezirk Potsdam, Kreis Niederbarnim
Neumann-Dessau, Dr. Lotte, Nikolassee
Philip, Fräulein Dr., Nauen (Osthavelland)
Philipsborn, Dr., Nowawes, Bezirk Potsdam
Pinner, Dr. Emmy, Zehlendorf
Posner, Dr., Cottbus
Rechelmann, Dr. Georg, Landsberg (Warthe)
Rummelsburg, Dr., Oranienburg, Kreis Niederbarnim
Süßbach, Dr., Forst (N.-L.)
Steinberg, Dr., Frankfurt (Oder)
Waldeck, Dr., Dahme (Mark)
Weinberg, Dr., Lübben
Wester-Ebbinghaus, Fräulein Dr., Arnswalde
Wohlfahrt, Dr. Charlotte, Zehlendorf
Wolpert, Dr. J., Schlachtensee bei Berlin.

Schlesien:

Aron, Dr. Julie, Breslau
Aron, Dr., Reichenbach (Eulengebirge)
Behmack, Fräulein Dr. Charlotte, Bunzlau
Berg-Platau, Dr. Lilli, Breslau
Biberstein, Dr. Erna, Breslau
Blumenhein, Dr., Liegnitz
Blumenthal, Dr., Strehlen
Boß, Dr. Leo, Breslau
Boß, Dr. William, Breslau
Braun, Dr. Dora, Breslau
Breit-Fronzig, Frau Dr., Liegnitz
Bry, Dr. Gertrud, Breslau
Büchler, Dr. Erich, Breslau
Bucka, Dr. Else, Breslau
Cohn, Dr. Alfred, Breslau
Cohn, Dr. Erwin, Breslau
Cohn, Dr. Heinz-Günther, Kaulwitz, Kre[is] Namslau
Danziger, Dr. Elfriede, Brieg
Danziger, Dr. Karl, Brieg
Dienstfertig, Dr. Arno, Breslau
Eisner, Dr. Fritz, Breslau
Frank, Dr., Breslau
Frankenstein, Dr., Görlitz
Freudenthal, Dr. Hans, Breslau
Freund, Dr. Markus, Breslau
Friedländer, Dr. Georg, Breslau
Friedländer, Dr. Walter, Breslau
Goldberg, Dr. Erich, Breslau
Grünmandel, Dr. Selma, Breslau
Grünthal, Dr. Ernst, Breslau
Grünthal, Dr. Paula-Suse, Breslau
Gutmann, Dr. Martin, Breslau
Guttmann, Dr. Ludwig, Breslau
Hahn, Dr., Strehlen
Heimann, Dr., Breslau
Heinemann, Dr. Malvine, Breslau
Henkin, Frau Dr., Jauer
Hiller, Dr. George, Schweidnitz
Hirschfeld, Dr. Robert, Breslau
Horwitz, Dr. Richard, Breslau
Jakob, Dr. Rudolf, Friedeberg, Kreis Löwenberg
Jacoby, Dr. Hans, Breslau
Juliusburger, Dr. Salo, Breslau
Karpel, Dr. Franz, Breslau
Kassel, Dr. Arthur, Breslau
Klages, Dr. Hilde, Breslau
Koenigsfeld, Dr. Otto, Breslau

Kellner, Dr., Falkenstein (Vogtland)
Krieser, Dr. Anton, Leipzig C 1
Krieser, Frau Dr. Else, Leipzig C 1
Kuritzkes, Dr. David, Leipzig C 1
Lichtenstein, Dr. Ernst, Meerane bei Chemnitz
Lippmann, Dr. Kurt, Dresden
Lipschitz, Dr. Benno, Leipzig C 1
Littauer, Fräulein Dr. Kaethe, Leipzig C 1
Lohle, Dr., Marienberg
Malbin, Dr. Leo, Schönau bei Chemnitz
Mendel, Dr., Chemnitz
Meyer, Fräulein Dr. Else, Leipzig C 1
Meyer, Dr. Georg, Leipzig C 1
Meyer, Fräulein Dr. Hedwig, Leipzig W 31
Michaelsohn, Frau Dr. Irene, Leipzig N 22
Moser, Dr. Rudi, Apolda
Moses, Dr. Philippine, Dresden
Oppenheim, Dr. Erwin, Dresden
Peiser, Dr. Kurt, Rudolstadt
Pese, Dr. Erwin, Zwickau (Sachsen)
Proeschel, Dr., Falkenstein (Vogtland)
Röthler, Dr. Hermann, Dresden
Rosenthal, Dr. Ernst, Chemnitz
Rothschild, Fräulein Dr. Dora, Leipzig C 1
Scharse, Dr. Frieda, Dresden
Schneller, Dr. Rosa, Unterneubrunn bei Eisfeld
Seelig-Herz, Dr. Alice, Dresden
Seligmann, Dr. Arthur, Wurzen
Siegfried, Fräulein Dr. Constanze, Leipzig C 1
Soloweetschik, Dr. Jeremias, Leipzig C 1
Steinen, Dr. Runhilt v. d., Jena
Strauß, Dr. Adolf, Dresden
Walltuch, Dr. Michel, Leipzig C 1
Winter, Dr. Leo, Dresden
Wolff, Dr. Carl, Erfenschlag bei Chemnitz
Zilz, Dr. Wolf, Dresden.

Hamburg — Schleswig-Holstein — Lübeck:

Alexander, Dr. Alfred, Altona
Baender, Dr. Erich, Hamburg
Baneth, Dr. Berthold, Hamburg
Baruch, Dr. Siegfried, Hamburg
Becker-Mannheimer, Dr. Olga, Hamburg
Benninga, Dr. Kaatje, Hamburg
Behmerinn, Dr. Nelly, Hamburg
Blüth, Dr. Alfred, Hamburg
Brann, Dr. Günther, Altona
Braunschweiger, Dr. Martin, Hamburg
Breit, Dr. Alfons, Hamburg
Breit, Dr. Hugo, Hamburg
Brühl, Dr. Robert, Hamburg
Bruno, Dr. Hans, Hamburg
Cohen, Dr. Gotthard, Hamburg
Cronheim, Dr. Alfred, Hamburg
David, Dr. Max, Hamburg
Elias, Dr. Moritz, Hamburg
Elkan, Dr. Rudolf, Hamburg
Elkeles, Dr. Martin, Hamburg
Elsbach, Dr. Curt, Hamburg
Feldstein, Dr. Scholem, Hamburg
Fischl-Meldola, Dr. Elisabeth, Blankenese
Frankenberg, Dr. Marg. geb. Wolff, Hamburg
Freundlich, Dr. Hans, Hamburg
Friedburg-Wille, Frau Dr. E., Blankenese
Grünstein, Dr. Werner, Hamburg
Heidemann, Dr. Charlotte geb. Cohn, Hamburg
Heppner, Dr. E., Wandsbek
Heymann, Dr. Alfred, Hamburg
Horwitz, Dr. Alice geb. Lauterbach, Hamburg
Jacob, Dr. Gertrud, Hamburg
Jacob, Dr. Josefa, Kiel
Joseph, Dr. Fritz, Hamburg
Junker, Dr. Hildegard, geb. Kutnewsky, Hamburg
Kach, Dr. Friedrich, Hamburg
Kalmus, Dr. Ernst, Hamburg
Kaminsky, Dr. Ernst, Hamburg
Kaslan, Dr. Max, Hamburg

[illegible], Dr. Hermann, Hamburg
Lemos, Dr. Anita de, Hamburg
Levy-Wolff, Dr. Lizzie, Hamburg
Lewin, Dr. Selma, Hamburg
Lichtenstein, Dr. Paul, Hamburg
Liebeck, Dr. Adolf, Hamburg
Lilienstein, Dr. Theo, Hamburg
Lust, Dr. Lothar, Altona
Lump, Dr. Jakob, Wandsbek (früher Hamburg)
Lyon, Dr. Erna, Hamburg
Magnus-Necheles, Frau Dr. Henriette, Wandsbek
Meyer II, Dr. Otto, Hamburg
Meyer, Dr. Rosa, geb. Kronenberg, Hamburg
Möller, Dr. Raphael, Hamburg
Necheles, Dr. Johann, Hamburg
Neufeld, Dr. Kurt, Hamburg
Peltesohn jr., Dr. Gerhart, Hamburg
Preiß, Dr. Nadjeschda, geb. Chwolles, Hamburg
Reinard, Dr. Erich, Hamburg
Röper, Dr. Erich, Hamburg
Rosenbaum, Dr. Hans, Hamburg
Rosenthal, Dr. Werner, Hamburg
Scherejschewsky, Dr. Emanuel, Hamburg
Schindler, Dr. Emma, Hamburg
Schwabacher, Dr. Henry, Hamburg
Spitzel, Dr. Herbert, Hamburg
Stiebel, Dr. Samuel, Hamburg
Stock, Dr. Amalie, Hamburg
Strauß, Dr. Alfred, Hamburg
Szmytkowsky, Dr. Siegmund, Hamburg
Tebrich, Dr. Martin, Hamburg
Toeplitz, Dr. John, Hamburg
Volkmar, Dr. Alice, Altona
Warburg, Dr. Betty, Hamburg
Watermann, Dr. August, Hamburg
Wellmann, Dr. Jacques, Hamburg
Wertheim, Dr. Sigmund, Hamburg
Wolff, Dr. Adolf, Hamburg
Wolff, Dr. Herbert, Hamburg
Wunder, Dr. Eugen, Altona.

Provinz Hannover — Freie und Hansestadt Bremen — Freistaaten Oldenburg und Braunschweig:

Alsberg, Dr. Kurt, Hannover
Back, Dr. Artur, Hannover
Behrendt, Dr. Arno, Hannover
Berkowitz, Dr. Harald, Hannover
Credé-Hoerder, Dr. Carl, Celle
David, Fräulein Dr. Alice, Schnackenburg, Kreis Dannenberg
Friede, Dr. Walter, W., Hannover
Friedländer, Dr., Dannenberg (Elbe)
Gronemann, Dr. Fräulein Ilse, Hannover-Linden
Heinemann, Frau Dr. Lotte, Lüneburg
Herz, Dr. Karl, Neermoor, Kreis Leer (verzogen)
Hirschfeld, Dr. K., Harburg-Wilhelmsburg
Kirchheimer, Dr., Wolfenbüttel
Laupichler, Frau Dr. Minna, Hannover
Meyer, Dr. Curt-Heinrich, Hannover
Meyer, Dr. Gustav, Buxtehude
Moßner, Dr., Hildesheim
Müller, Fräulein Dr. Elisabeth, Hannover
Palmbaum, Dr., Lehrte
Philippsohn, Dr. Julius, Ronnenberg, Bezirk Hannover
Prag, Frau Dr. Sophie, Osnabrück
Rabinowitsch, Dr. Michael, Hannover
Ries, Dr. Fritz, Hannover
Rosbasch, Dr. Gustav, Nienburg a. d. Weser
Schlesinger, Dr. Bernard, Hannover
Stein, Frau Dr., Göttingen
Tendlau, Fräulein Dr. Anna, Hannover.

Provinz Westfalen — Freistaat Lippe:

Appel, Dr., Oeynhausen (Bad), Kreis Minden
Baum, Dr. Hans, Dortmund

Mitteilungen des Deutschen Rings an die Versicherten über den Ausschluss jüdischer Ärztinnen und Ärzte aus der Rechnungserstattung für „arische" Versicherte.

aus: Ring-Blätter August 1934 (3. Jg., Nr. 3)

In unserem Archiv liegt ebenfalls Material zu dieser Frage. Wir hatten es auch schon mit Ärzten zu tun, die unsere Tarife offenbar sehr gründlich studierten und vor der Ausstellung der Rechnungen zu Rate zogen. Wenn sich ärztliche Standesorganisationen gegen solche Mißbräuche wenden und für Sauberkeit eintreten, so wird das jeder anständige Beteiligte begrüßen.

Bekanntmachungen des Deutscher Ring Krankenversicherungsverein a. G.

Ausschluß von Ärzten von der Rechnungserstattung.

Auf Grund des § 7 Ziffer 3 der Allgemeinen Versicherungsbedingungen wird die Erstattung von Rechnungen der nachstehenden Ärzte abgelehnt. Die Erstattungssperre beginnt mit dem 1. September 1934; sie erstreckt sich nicht auf laufende Schadenfälle.

1. Ausschlüsse nichtarischer Ärzte
(Fortsetzung der Ausschlußliste in Nr. 3 und 4/1933, Nr. 1 und 2/1934).

Blumberg, Dr. med. Eduard, Leipzig O 5
Dingmann, Dr. Albert, Berlin W 15
Hermann, Dr. Käte, Berlin-Lankwitz
Herrmann, Kurt, prakt. Arzt, Leipzig W 34
Hirsch, Dr. Walter, Berlin-Charlottenburg
Kober, Dr. Hermann, Berlin-Charlottenburg
Lazarovitz, Dr. Edmund, Berlin-Steglitz
Loewe, Dr. Elisabeth, Berlin NW 87
Relki, Dr. Otto, Berlin W 50
Picard, Prof. Hugo, Berlin W 62
Sachs, Prof. Ernst, Berlin NW 87
Sachs, Dr. Walter, Berlin-Charlottenburg 4
Sadger, Dr. Alois, Berlin N 113
Schellitzer, Dr. Hermann, Berlin SW 68
Weisbein, Dr. Hermann, Berlin O
Ziegelroth, Dr. Adolf, Berlin-Zehlendorf
Zellner, Dr., Landeshut i. Schles.

2. Ausschlüsse aus politischen Gründen.

Ehrlich, Dr. Karl, Berlin W 30
Hertzer, Dr. Waldemar, Berlin-Wittenau
Breger, Dr. Alexander, Berlin-Treptow
Röseler, Dr. Fritz, Berlin
Theilhaber, Dr. Felix A., Berlin-Wilmersdorf

3. Ausschlüsse aus anderen Gründen (Zahnärzte).

Jähling, Willy, Dentist, Zella-Mehlis (Thür.)
Zahnpraxis Ullmann, Inh. W. Simon, Dresden-A

Wiederzulassung von Ärzten.

Von den in den Ring-Blättern Nr. 3 und 4/1933 und Nr. 1 und 2/1934 ausgeschlossenen Ärzten bzw. Zahnärzten sind auf Grund der Listenberichtigung des NS. Deutschen Ärztebundes zur Rechnungserstattung wieder zugelassen:

a) Ärzte

Aron, Dr., Reichenbach i. Eulengebirge
Bogner, San.-Rat Dr., Selb
Boß, Dr. Leo, Breslau
Cahn-Bronner, Dr. med. Karl, Bad Homburg v. d. H.
Eckhardt, Dr. Georg, Bad Wildungen
Fatzel, Dr., Sprendlingen
Goldstein, Dr. med. Walter, Berlin NW 87
Hagedorn, Dr. med., Düsseldorf-Gerresheim
Hirschfeld, Dr. Ernst, Berlin-Schöneberg
Levy, Dr. Fritz, Berlin W 57
Rambeau, Dr. med. Viktor, Marburg a. d. Lahn
Reis, Dr. Adolf, Nürnberg
Röper, Dr. Erich, Hamburg
Wallach, Dr. med., Andernach a. Rhein
Wunder, Dr. med. Eugen, Altona

b) Zahnärzte

Boronow, Dr., Breslau
Margoninsky, Dr., Swinemünde
Rolopp, Dr., Leipzig
Oppenheimer, Dr. Moritz, Nürnberg (inzw. verzogen)
Haendel, Dr., Schivelbein (inzw. verzogen)

Alte Erfahrung – Zeitgemäße Nutzanwendung

„Kleine Kinder kleine Sorgen, große Kinder große Sorgen" heißt es im Volksmund. Wenn dieses Wort im ersten Augenblick auch etwas hart anmutet, so besteht seine Wahrheit doch voll und ganz zu Recht.

Jedes Elternpaar wird feststellen, daß die Wünsche der Kinder in den ersten Lebensjahren leicht und mit verhältnismäßig geringen Mitteln zu erfüllen sind.

4.3. Judenpolitik der PKV-Wirtschaft im Nationalsozialismus: Verfolgung, Diskriminierung und Ausschluss

Die PKV-Wirtschaft war in den ersten Jahren nach 1933 die Branche der Versicherungswirtschaft mit den schärfsten antijüdischen Maßnahmen. Staatliche Eskalationen der Judenverfolgung wie die Nürnberger Rassengesetze und der Novemberpogrom 1938 radikalisierten den Antisemitismus der PKV-Wirtschaft. In aller Regel gab es keinen gesetzlichen oder staatlichen Anstoß für antijüdische Maßnahmen in der PKV, sondern im Gegenteil bremsten das Reichsaufsichtsamt und das Reichswirtschaftsministerium oftmals die Scharfmacher aus der PKV-Wirtschaft.

In der NS-Zeit wurde es für Juden zunehmend schwieriger, PKV-Verträge abzuschließen. Bis 1939 nahmen zehn der 40 größten PKV-Gesellschaften den so genannten Arierparagraphen in die Satzungen auf und schlossen damit Juden von der Neuaufnahme aus. Viele Gesellschaften druckten in die Aufnahmeformulare Verweise, dass Anträge von Juden ungültig seien. Der Deutsche Ring schilderte in einem Gerichtsverfahren seine Praxis, jüdische Anträge auszusondern: „Der Prokurist der Beklagten [des Deutschen Ringes Krankenversicherung] hat bekundet, es seien in den Fällen, wo der Name des Bewerbers dem Vorstand Bedenken an der Judenreinheit desselben erregte, bzw. in den Fällen, in denen der Agent aus dem Aussehen der Bewerber Bedenken gleicher Richtung schöpfte, vor der Annahme des Antrages erst entsprechende Ermittlungen angestellt worden.“[39] Mitte der 30er Jahre war eine Situation erreicht, in der sich Juden in der „übergroßen Mehrzahl“ der PKV-Gesellschaften nicht mehr versichern konnten.[40] Die Nova dehnte die Judenklausel sogar auf „Halbjuden“ aus, worüber sich der „Mischlingsverband von 1937“, eine staatlich anerkannte Organisation der „gemischtblütigen“ deutschen Staatsangehörigen, beim Reichsaufsichtsamt beschwerte. Er verlangte, dass seine Mitglieder anders als die „Volljuden“ behandelt werden sollten. Die Nova berief sich auf das Recht der Vertragsfreiheit und kam damit beim Reichsaufsichtsamt durch.[41]

Allerdings folgten nicht alle PKV-Gesellschaften der antisemitischen Linie. Gesellschaften wie in Hamburg etwa die Deutsche Krankenkasse von 1869[42] oder die Bürgerliche Krankenkasse, ein Tochterunternehmen der Hamburg-Mannheimer,[43] die weiterhin Juden aufnahmen, konnten sich der Duldung und teilweisen Unterstützung des Reichsaufsichtsamtes und Reichswirtschaftsministeriums sicher sein, die bis 1940 den Ausschluss der Juden aus der PKV ablehnten und offenkundig rechtswidrige Maßnahmen nicht legitimierten.

Juden hatten nicht nur Schwierigkeiten, sich neu zu versichern, sondern mussten um ihren bestehenden Versicherungsschutz bangen. Die Gesellschaften nutzten ihr seinerzeit in vielen Bedingungen noch verankertes Kündigungsrecht fast ausschließlich bei jüdischen Verträgen, während nichtjüdischen Versicherten auf Druck des Reichsaufsichtsamtes nur in Ausnahmefällen gekündigt wurde. Das Reichsaufsichtsamt billigte dieses Vorgehen und sah entgegen seiner sonstigen Gepflogenheit bei vertraglichen Kündigungen jüdischer Versicherungen bewusst ab „von irgendwelchen sonst üblichen Einwirkungen auf die Unternehmungen“.[44] Krankenversicherungsvereine besaßen zwar oftmals keine satzungsgemäße Möglichkeit zur Kündigung, wenn die Mitglieder ihren Vertragspflichten nachkamen. Doch Vereine, deren Mitglieder keinen formellen Rechtsanspruch auf Leistungen besaßen, konnten sich ihrer jüdischen Mitglieder mit einer Satzungsänderung entledigen. Die Mitgliederversammlung der Krankenkasse des Vereins Hamburgischer Staatsbeamten ergänzte 1938 die Satzung um den Zusatz „Juden können nicht Mitglieder der Kasse sein“ und kündigte den jüdischen Versicherten. Zwei von ihnen, darunter der 1935 zwangsweise in den Ruhestand versetzte Hamburger Versicherungsrechtler Prof. Ernst Bruck, klagten gegen die Kasse und baten um Berücksichtigung, „dass es den Klägern schwerlich gelingen werde, jetzt noch in einer anderen Krankenversicherung unterzukommen. Dies gelte nicht nur wegen ihrer Abstammung, sondern auch wegen ihres vorgeschrittenen Alters. Wenn sie jetzt ihre Mitgliedschaft verlieren, so gingen sie nicht nur der Vorteile verlustig, die sie sich durch Jahre lang gezahlte Beiträge erworben hätten, sie würden vielmehr auch ausser Stand gesetzt, sich anderweitig zu entschädigen."[45] Das Hamburger Landesgericht wies die Klage ab, denn „der Rassegedanke, dem auf diese Weise Geltung verschafft werden soll, beherrscht das heutige Rechtsleben derart, dass Rücksichten anderer Art ihm nicht im Wege stehen dürfen".[46] Der Deutsche Ring kündigte jüdische Versicherungen bei Bestandsübertragungen anderer Krankenversicherungsvereine sofort. So verloren 600 jüdische Versicherte des Hamburger Krankenversicherungs-Vereins von 1882 ihren Versicherungsschutz bei Fusion des liquidierten Unternehmens mit dem Deutschen Ring.[47] Durch gezielte Kündigungskampagnen gelang es der gesamten deutschen PKV-Wirtschaft, den Bestand jüdischer Versicherungen deutlich zu verringern.

Jüdische Versicherte, die in der PKV verblieben, waren in der Regel von außertariflichen Leistungen und jeglicher Kulanz ausgeschlossen und oftmals schikanöser Behandlung unterworfen. Besonders perfide ging die Nova gegen jüdische Versicherte vor. Sie hatte das Verhältnis von Prämien und Leistungen für ihre 587 jüdischen Versicherten in Hamburg untersucht und eine Schadenquote von 146,5 Prozent errechnet. Dies veranlasste die Nova, „nach den wahren Gründen der erhöhten Inanspruchnahme der jüdischen Mitglieder zu forschen. Wir haben festgestellt, dass der Grund darin zu suchen ist, daß der größte Teil der jüdischen Ärzte zu den Behandlungen bei den gesetzlichen Krankenkassen nicht zugelassen ist. Um diesen eine Verdienstmöglichkeit zu verschaffen, pflegen die jüdischen Mitglieder diese jüdischen Ärzte bevorzugt in Anspruch zu nehmen. Um Klarheit darüber zu erlangen, ob die Mitglieder tatsächlich krank waren, haben wir von dem uns in § 23 unserer AVB [Allgemeinen Versicherungsbedingungen] eingeräumten Recht Gebrauch gemacht und die Mitglieder durch einen beauftragten Arzt (Anstaltsarzt) untersuchen lassen. Dieser konnte selbst in einer eingehenden Untersuchung nur in den seltensten Fällen das Bestehen einer Krankheit oder einen krankheitsähnlichen Zustand feststellen. Um Zweifel über seinen Befund auszuschließen, hat der Anstaltsarzt die Einweisung der betreffenden Mitglieder in ein Krankenhaus durch die Anstalt veranlaßt. [...] Von den bis zum 7. Dezember 1937 [...] vom Vertrauensarzt untersuchten 45 Mitgliedern haben nur 4 der Einweisung Folge geleistet. [...] Eine Anzahl der in das Krankenhaus eingewiesenen Mitglieder hat aus der Krankenhauseinweisung die Folgerung gezogen und das Vertragsverhältnis gekündigt."[48] Die Nova beantragte beim Reichsaufsichtsamt, künftig jedes jüdische Mitglied bei Vorliegen einer Krankheit umgehend in ein Krankenhaus einweisen zu dürfen. Das Reichsaufsichtsamt untersagte der Nova mangels vertraglicher Grundlage die Krankenhauseinweisungen unter Androhung des Ausschlusses, denn eine PKV-Gesellschaft konnte zwar Leistungen verweigern, wenn ein erkrankter Versicherter die ärztlich indizierte Krankenhauseinweisung nicht befolgte, nicht jedoch vermeintliche Simulanten hineinverfügen. Doch die schikanöse Behandlung hatte ihren Zweck mit der Selbstkündigung vieler Versicherter schon erfüllt. Fast die Hälfte aller jüdischen Versicherten aus Hamburg schied „freiwillig" aus.[49]

OVA, Versicherungsanstalt a.G. für Handwerk, Handel und Gewerbe in Hamburg
Krankenversicherungsanstalt auf Gegenseitigkeit
B/Mr. Hamburg 36, Neue Rabenstraße 19-20

...ken- und Sterbegeldversicherung

Hamburg 36, den 14.Januar 1938.

Verkehrszeit 9—18 Uhr
Fernsprecher: Sammelnummer 44 62 61
Telegramm-Adresse: Nordwest Hamburg
Bankkonto: Commerz- und Privat-Bank A.-G., Hamburg
Postscheckkonto: Hamburg 4387

Betreff:

Schreiben vom

...gebeten, bei allen Sendungen Abt. und Betr. anzugeben

An das
Reichsaufsichtsamt für Privatversicherung,
Berlin W 35
Ludwigkirchplatz 3/4.

RAfPr
03945 -- 21.1.38.V

III B 1354/28

Betr.: Inanspruchnahme der Anstalt durch jüdische Mitglieder.

[...]

Während das Ergebnis der Besuche bei den arischen Mitgliedern ein günstiges war, ist ein solches bei den jüdischen Mitgliedern nicht festzustellen. Wir haben im Gegenteil die Wahrnehmung gemacht, dass die jüdischen Mitglieder mehr als zuvor die Anstaltsleistungen beansprucht haben und noch beanspruchen. Zum Beweise für die Richtigkeit unserer Angaben fügen wir eine Aufstellung (Anlage I) über die während der Monate Januar-November 1937 an die jüdischen ./. Mitglieder Hamburgs gewährten Leistungen bei. Aus dieser geht hervor, dass unsere Anstalt am 30.November 1937 in Hamburg 587 jüdische Mitglieder hatte. An diese sind in dem genannten Zeitraum RM 74 768,35 an Leistungen gezahlt worden. Diesen Leistungen stehen von diesen Mitgliedern entrichtete Beiträge im Betrage von RM 51,040,50 gegenüber. Berücksichtigt man, dass die Verwaltung dieser Versicherungen Verwaltungskosten verursacht hat in Höhe von 15%, dann ergibt sich bei den jüdischen Mitgliedern für den statistisch erfasstenZeitraum, 11 Monate, ein Totalverlust von RM 31 383,95. Dies bedeutet eine Schadensquote von 161,49%.

Dieses erschütternde Ergebnis hat uns veranlasst, nach dem wahren Gründen der erhöhten Inanspruchhahme der jüdischen Mitglieder zu forschen. Wir haben festgestellt, dass ein Grund darin zu suchen ist, dass der grösste Teil der jüdischen Ärzte zu den Behandlungen bei den gesetzlichen Kassen nicht zugelassen ist. Um diesen eine Verdienstmöglichkeit zu verschaffen, pflegen die jüdischen Mitglieder diese jüdi-

Auszüge aus einem Schreiben der Nova an das Reichsaufsichtsamt für Privatversicherung vom 14.1.1938.

schen Ärzte bevorzugt in Anspruch zu nehmen. Um Klarheit darüber zu erlangen, ob die Mitglieder tatsächlich krank waren, haben wir von dem uns im § 23 unserer Allgemeinen Versicherungsbedingungen eingeräumten Recht Gebrauch gemacht und die Mitglieder durch einen beauftragten Arzt (Anstaltsarzt) untersuchen lassen. Dieser konnte selbst in einer eingehenden Untersuchung nur in den seltensten Fällen das Bestehen einer Krankheit oder eines krankheitsähnlichen Zustandes feststellen. Um Zweifel über seinen Befund auszuschliessen, hat der Anstaltsarzt die Einweisung der betreffenden Mitglieder in ein Krankenhaus durch die Anstalt veranlasst. Zu einer solchen Einweisung ist die Anstalt auf Grund des § 15 Abs.3 der Allgemeinen Versicherungsbedingungen berechtigt. Dort ist bestimmt, dass sie erkrankte Versicherte einem Krankenhause überweisen kann; insbesondere kann die Einweisung dann vorgenommen werden, wenn der Zustand oder das Verhalten des Versicherten seine fortgesetzte Beobachtung erfordert.

Dieser Tatbestand war zweifellos bei den untersuchten Mitgliedern gegeben. Von den bis zum 7.Dezember 1937 - nach diesem Tage sind keine Krankenhauseinweisungen mehr vorgenommen worden - vom Vertrauensarzt untersuchten 45 Mitgliedern haben nur 4 der Einweisung ins Krankenhaus Folge geleistet,

[...]

Ein grosser Teil der vom Vertrauensarzt untersuchten Mitglieder hat die Einweisung in das Eppendorfer Krankenhaus nicht befolgt. Es liegt der Gedanke nahe, dass sich die betreffenden Mitglieder selbst nicht krank bezw. behandlungsbedürftig gefühlt haben, andernfalls hätten sie sich sicherlich zur Beobachtung im Krankenhause eingefunden.

Eine Anzahl der in das Krankenhaus eingewiesenen Mitglieder hat aus der Krankenhauseinweisung die Folgerung gezogen und das Versicherungsverhältnis gekündigt.(Näheres ergibt sich aus der Anlage 3).

Zusammenfassend stellen wir fest, dass die jüdischen Mitglieder für unsere Anstalt nachweislich ein erhöhtes Risiko bilden. Bei ihnen ist die Gefahr der Ausbeutung besonders gegeben. Um uns vor einer solchen schützen zu können, bitten wir uns genehmigen zu wollen, dass wir die jüdischen Mitglieder auf das Vorliegen einer Krankheit hin weiter von dem Vertrauensarzt gemäss § 23 der Allgemeinen Versicherungsbedingungen untersuchen und sie gegebenenfalls gemäss § 15

Abs. 3 der Allgemeinen Versicherungsbedingungen zwecks Beobachtung in ein Hamburger staatliches Krankenhaus einweisen lassen.

U.E. ist dies die einzige Massnahme, um die Gesamtheit der Versicherten vor der übermässigen Beanspruchung durch diese Mitglieder zu bewahren.

Der Vorstand

[...]

	Beiträge:	Leistungen:
Seite 1	3.377.--	4.892.50
" 2	3.256.--	4.769.27
" 3	3.243.--	4.529.79
" 4	3.727.50	5.524.79
" 5	3.131.50	5.525.81
" 6	3.408.--	6.128,02
" 7	2.802.--	2.795.11
" 8	3.468.50	4.309.58
" 9	3.200.50	4.722.33
" 10	3.241.--	5.326.09
" 11	3.263.--	4.773.33
" 12	3.213.--	4.246.31
" 13	3 289.--	4.660.20
" 14	3.371,50	5.415.04
" 15	3.410.--	4.715,75
" 16	1.639.--	2.434.43
	51.040.50	74.768.35

Am 30.November 1937 zählte die Bezirksverwaltung Hamburg insgesamt 587 nichtarische Mitglieder.
Während der Zeit vom 1.1, - 30.11.37 haben diese nichtarischen Mitglieder (587)
an Beiträgen eingezahlt .... RM 51.040,50
an Leistungen erhalten .... " 74.768,35
demnach Verlust .... RM 23.727,85
dazu 15% Verwaltungskosten auf Einnahme (51.040,50)
ergibt während dieser Zeit, also vom 1.1. - 30.11.37 RM 7.656,10

T o t a l v e r l u s t .... RM 31.373,95
Schadensquote = 161,49%

...mäss § 25 der A.V.B. wurden zur vertrauensärztlichen Untersuchung ...fordert .bis.7.12.37. 45

...von haben gekündigt 18

...r.	Name:	Mitgl.seit:	Beiträge:	Leistungen:
65 950	M[redacted], [redacted]	1. 5.27	1.138,50	4.788.--
11 308	B[redacted], [redacted]	1. 2.30	1.293,50	2.010.--
59 848	C[redacted], [redacted]	1. 2.27	639,50	1.007.--
52 502	L[redacted], [redacted]	1. 6.20	1.793.--	3.583.--
20 594	B[redacted], [redacted]	1.11.30	567.--	1.104,50
89 785	F[redacted], [redacted]	1. 1.34	493.50	521.--
63 713	H[redacted], [redacted]	1.11.26	1.836,50	2.985,30
44 107	R[redacted], [redacted]	1.12.22	1.582,50	2.581.--
121 856	R[redacted], [redacted]	1. 6.25	1.833.--	3.336.--
240 395	M[redacted], [redacted]	1.11.31	998,50	1.887.--
282 561	W[redacted], [redacted]	1. 8.33	341,50	655.--
198 196	W[redacted], [redacted]	1. 4.29	1.447.--	3.106,50
127 046	K[redacted], [redacted]	1. 7.25	1.309,50	2.042,--
296 692	[redacted]	1. 5.34	150,50	335.--
167 660	H[redacted], [redacted]	1. 6.27	1.634,50	1.939.--
164 880	M[redacted], [redacted]	1.12.26	1.496.--	2.034,35
62 621	G[redacted], [redacted]	1. 1.28	572.--	1.155.--
188 099	H[redacted], [redacted]	1. 7.28	1.133.--	1.587.--

...ns Krankenhaus gegangen: 4

40 108	K[redacted], [redacted]	1. 7.22	1.899.50	1.457.--
200 569	U[redacted], [redacted]	1. 7.29	1.157,50	1.688.88
254 092	R[redacted], [redacted]	1. 6.31	367,50	499,32
250 848	S[redacted], [redacted]	1. 2.32	322,50	1.222,10

...auf Krankenhausbehandlung verzichtet: 5

250 376	C[redacted], [redacted]	1. 2.32	607,50	800,65
189 830	S[redacted], [redacted]	1.10.28	635,50	1.630,56
61 179	H[redacted], [redacted]	1. 3.23	812,50	646,45
87 363	F[redacted], [redacted]	1. 6.24	1.567.--	2.410,80
255 218	H[redacted], [redacted]	1. 5.32	915,50	931,60

Termin auf später verschoben: 6

225 169	G[redacted], [redacted]	1. 1.31	1.139,50	1.790,30
227 245	G[redacted], [redacted]	1. 3.31	868,50	1.203,42
197 696	F[redacted], [redacted]	1. 5.29	1.110,50	2.329,98
257 219	A[redacted], [redacted]	1. 6.32	901,50	613,63
204 270	K[redacted], [redacted]	1.10.29	859,50	1.023,36
109 194	G[redacted], [redacted]	1. 2.25	1.591,50	2.185.43

noch nicht aufgefordert: 9

271 782	F[redacted], [redacted]	1. 2.33	381.--	592,80
61 621	B[redacted], [redacted]	1. 7.24	782,50	976,90
283 719	E[redacted], [redacted]	1.10.33	327,50	212,42
303 528	S[redacted], [redacted]	1. 5.32	558,50	938,98
202 036	de H[redacted], [redacted]	1. 9.29	988,50	745,62
63 165	E[redacted], [redacted]	1. 9.33	232,50	462,26
177 881	E[redacted], [redacted]	1.12.27	1.131,50	1.238,62
260 646	B[redacted], [redacted]	1. 8.32	873,50	1.062,27
273 940	S[redacted], [redacted]	1. 4.33	257,50	622,79

auf nichts eingegangen: 3

77 691	N[redacted], [redacted]	1.12.23	1.680,50	4.501,47
268 678	H[redacted], [redacted]	1. 1.33	803,50	1.000.72
271 790	[redacted], [redacted]	1. 2.33	789,50	1.247,61
			43.822.--	70.692,59

1357/20 38

Die schon vor 1933 entstandene Legende des schlechten jüdischen Risikos hatte inzwischen den Rang einer unumstößlichen, wenn auch unbewiesenen, Wahrheit erreicht. Die Vereinigte Krankenversicherung AG rechtfertigte die Kündigungen jüdischer Verträge mit dem Credo der gesamten PKV-Wirtschaft: „Ganz allgemein hat allerdings die private Krankenversicherung feststellen müssen, dass Nichtarier unversicherbar sind; die Fälle, in denen der Nichtarier früher oder später nicht wenigstens seine Prämien verbraucht, sind selten.“[50] Statistische Nachweise für eine besondere Krankheitsanfälligkeit der jüdischen Bevölkerung gab es nicht. Sollten die oben zitierten Berechnungen der Nova aus dem Jahr 1937 der Wahrheit entsprechen, so drücken sie lediglich das Ergebnis einer Politik der Self-fulfilling Prophecy aus. Infolge der nationalsozialistischen Judenverfolgung, an der die PKV-Wirtschaft tatkräftig mitgewirkt hatte, war tatsächlich eine besonders schadenträchtige Risikogruppe entstanden. Der jüdische Bevölkerungsteil war in Folge der Emigration gerade der Jüngeren überaltert, wirtschaftlich deklassiert, oftmals arbeitslos und sozial geächtet, in ständiger Angst um Leben und Gesundheit sowie in Erwartung einer ungewissen und düsteren Zukunft. Diese Faktoren provozierten eine überdurchschnittliche Krankenquote. Zudem hatten die PKV-Gesellschaften durch ihre restriktive Aufnahmepolitik selbst den Zustrom jüngerer Juden in die Versichertenbestände verhindert. Gegen Ende der 30er Jahre waren die jüdischen Versicherungen sicherlich „schlechte Risiken“.

Der Topos des „schlechten jüdischen Risikos“ führte recht bald zum Ruf nach Übertragung der jüdischen Verträge auf eine besondere Krankenversicherungseinrichtung. Nach Verabschiedung der Nürnberger Rassengesetze 1935 verlangte die Fachgruppe PKV, der 1934 staatlich verfügte Zusammenschluss aller PKV-Gesellschaften, vom Reichswirtschaftsministerium, die Überführung aller bestehenden jüdischen Versicherungen auf eine spezielle jüdische Krankenversicherung anzuordnen. Da es lediglich zehn kleine, regional begrenzte jüdische Versicherungsvereine gab, wurde vorgeschlagen, zwei davon reichsweit zu öffnen, um zu „versuchen, die noch bei unseren Mitgliedern versicherten Personen jüdischer Rasse auf diese vorstehend angegebenen jüdischen Unternehmungen überzuführen, damit der Krankenversicherungsbestand der deutschen Unternehmungen judenfrei wird“.[51] Dabei handelte es sich um eine Scheinlösung, blieb doch unberücksichtigt, dass kein jüdischer Verein über das Kapital, Personal und Know-how verfügte, um Zehntausende Versicherungsverträge zu betreuen. Der künftige Versicherungsschutz ihrer jüdischen Kundschaft war der Fachgruppe PKV höchst gleichgültig.

Nach Erlass der Nürnberger Rassengesetze verlangte die Fachgruppe PKV nachdrücklich den generellen Ausschluss aller jüdischen Ärztinnen und Ärzte von der Behandlung „arischer“ Versicherter. In der Begründung ihres Antrags transportierte die Fachgruppe die besondere sexuelle und geschlechtliche Konnotation der Rassengesetze in das Gesundheitswesen: „Das Gesetz zum Schutze des deutschen Blutes und der deutschen Ehre vom 15.9.1935 [...] bezweckt insbesondere den Schutz der deutschen Frau vor Eingriffen des Juden. Im Sinne des Gesetzes liegen daher alle Bestrebungen, die darauf gerichtet sind, Abstand zum Judentum zu nehmen; dies trifft in besonderem Maße bei der ärztlichen Behandlung zu. [...] Der noch sehr starke Einfluß des Judentums im Gesundheitswesen muß endlich unterbunden werden. Auf die Gefahr der ärztlichen Behandlung durch Nichtarier braucht nicht besonders hingewiesen werden, es sei nur erwähnt, daß es dem Rasseempfinden des deutschen Volkes auf jeden Fall widerspricht, wenn Frauenleiden oder Geschlechtskrankheiten durch Nichtarier behandelt werden.“[52] Das Reichswirtschaftsministerium blockte aber den Vorschlag bis zu einer generellen gesetzlichen Regelung des Umgangs mit der jüdischen Bevölkerung in Wirtschaftsfragen. Im November 1936 einigten sich die PKV-Unternehmen mit der Ärzteführung auf einen neuen Vertrag. Von der Erstattungspflicht für arische Versicherte sollten nunmehr alle jüdischen Ärzte, unabhängig ob sie Frontkämpfer des Ersten Weltkrieges gewesen waren oder nicht, ausgeschlossen werden. Allerdings nahmen die gesetzlichen Krankenkassen keine Anpassung an die Nürnberger Rassengesetze vor, so dass auch die PKV-Wirtschaft den Ausschluss jüdischer Ärzte nicht weiter vorantreiben konnte. Die Kategorisierung der Nürnberger Rassengesetze, wer Jude oder „Mischling" sei, führte allerdings zu dem Kuriosum, dass Rechnungen von bisher ausgeschlossenen „Mischlingen" nunmehr erstattet wurden.

Trotz der massiven und konzertierten Verfolgung jüdischer Ärztinnen und Ärzte durch die in den Verbänden zusammengefassten großen PKV-Gesellschaften und die Organisationen der Ärzteschaft gab es bis 1938 Verwaltungsstellen einzelner Gesellschaften, die Rechnungen der Ausgeschlossenen erstatteten. Das Abkommen mit den Ärzteorganisationen aus dem Mai 1933 war nur von den beiden großen PKV-Verbänden, später dem einheitlichen Reichsverband der PKV, in Kraft gesetzt worden. Gesellschaften außerhalb der Verbände, eventuell auch einzelne Filialdirektionen der Verbandsgesellschaften, erstatteten dennoch die Rechnungen jüdischer Ärztinnen und Ärzte auch für nichtjüdische Versicherte und warben sogar damit. 1935 verpflichteten sich dagegen der Reichsverband der PKV und die öffentlich-rechtlichen PKV-Anbieter in einem Wettbewerbsabkommen: „Es ist verboten, damit zu werben, daß den Versicherten Rechnungen nichtarischer Ärzte erstattet werden."[53] 1938 reichte die Fachgruppe PKV ein überarbeitetes Merkblatt für den Wettbewerb ein, das wiederum ein Werbeverbot für die Erstattung von Leistungen jüdischer Ärztinnen und Ärzte enthielt. Die insgesamt 25 Verbote des Merkblatts wurden als „Hauptverstöße in der Praxis" bezeichnet.[54] Bei Inkrafttreten wären alle PKV-Gesellschaften zum antijüdischen Kurs verpflichtet gewesen, da ein gesetzlicher Zwang zur Mitgliedschaft in der Fachgruppe bestand. Die Verabschiedung des Merkblatts verzögerte sich, weil sich das Reichswirtschaftsministerium und die Fachgruppe PKV über grundsätzliche Fragen der Wettbewerbsordnung auseinander setzten. Das erst 1940 erschienene Merkblatt sprach nur noch von „ausgeschlossenen Ärzten" – das waren so genannte Vielverschreiber und vermeintliche Ausnutzer – und nicht mehr von jüdischen. Da diese nach Aberkennung der Approbation 1938 generell nur noch jüdische Patientinnen und Patienten behandeln durften – deren Erstattung durch das Abkommen mit der Ärzteschaft 1933 nicht strittig war –, war ein besonderer Passus im Merkblatt nicht mehr notwendig. Dieser Vorgang verweist auf Handlungsalternativen der PKV-Gesellschaften im Umgang mit jüdischen Versicherten und Vertragspartnern. Bis zum staatlich angeordneten Ausschluss der Juden aus der PKV 1940 war vom antisemitischen Kurs der Fachgruppe PKV abweichendes Handeln möglich, und es wurde zumindest von wenigen Gesellschaften praktiziert.

4.4. Radikalisierung nach dem Novemberpogrom 1938

In dem von der Reichsregierung inszenierten Novemberpogrom wurden in Deutschland 91 jüdische Bürgerinnen und Bürger getötet und zahlreiche verletzt. Die Leistungen aus Krankenversicherungen für die jüdischen Verletzten des Novemberpogroms waren vertragsgemäß zu erbringen, weil anders als bei Sachversicherungen keine Ausschlusstatbestände wegen innerer Unruhen festgelegt waren. Die Ansprüche aus Personenversicherungen blieben ausdrücklich von staatlichen Eingriffen verschont. Wenige Tage nach dem Pogrom wurde die

Fachgruppe PKV ohne staatlichen Anstoß gegen die jüdischen Versicherten aktiv. Nach der „Verordnung zur Ausschaltung der Juden aus der Wirtschaft" vom 12.11.38 durften Juden nicht mehr Mitglied von Genossenschaften sein. Die Fachgruppe wollte diese Regelung wegen der „engen soziologischen und rechtlichen Verwandtschaft" auf Versicherungsvereine auf Gegenseitigkeit ausdehnen.[55] Einige Krankenversicherungsvereine, darunter die Nova,[56] wollten den Erfolg der Initiative der Fachgruppe, auf den Gesetzgeber einzuwirken, nicht abwarten und trennten sich kurzerhand unter Verweis auf den Genossenschafts-Paragraphen von den jüdischen Mitgliedern. Viele jüdische Versicherte akzeptierten die Kündigung. Wer klagte, hatte durchaus Chancen, dass die Gerichte der Argumentation der PKV-Gesellschaften nicht folgten und die Kündigungen für gegenstandslos erklärten. Andere Versicherungsgesellschaften beriefen sich überhaupt nicht auf gesetzliche Grundlagen, sondern argumentierten ausschließlich rassistisch. Die Südwestdeutsche Versicherungsanstalt, wie die Nova eine Handwerkerversicherung, kündigte ihren jüdischen Versicherten am 12.11.38 fristlos: „Im Hinblick auf die Ereignisse der letzten Tage ist eine Fortführung Ihrer Versicherung und die weitere Gewährung eines Versicherungsschutzes auch mit Rücksicht auf die arischen Mitglieder unserer Anstalt nicht mehr möglich. Wir haben deshalb das Vertragsverhältnis mit Ihnen mit sofortiger Wirkung aufgehoben."[57] Nach dem Novemberpogrom trennte sich eine Vielzahl von PKV-Gesellschaften ohne rechtliche Grundlage von ihren jüdischen Versicherten.

Kopie

31

25.November 1938.

Abt.Sekr.
F. Nr.III B.1357/136 c.
Ihr Schreiben vom 23.Nov. 1938.
Beschwerde [redacted],
Hamburg, Elastraße [redacted].

An das

Reichsaufsichtsamt für Privatversicherung,
Berlin W 15

Gemäß Verordnung des Beauftragten für den Vierjahresplan, Generalfeldmarschall Göring, vom 12.11.1938, RGBl. 1 Nr.189 S. 1580, scheiden jüdische Mitglieder von Genossenschaften zum 31.12.1938 aus diesen aus.-

Versicherungsvereine auf Gegenseitigkeit aber sind ihrem Ursprung und Herkommen, ihrem ethischen und wirtschaftlichen Charakter nach, wofür auch § 53 des Versicherungsaufsichtsgesetzes spricht, den Genossenschaften so verwandt, daß die vorbezeichnete Verordnung auch für deren jüdische Mitglieder gilt. Auch in dem angezogenen Fall können wir keine andere Entscheidung treffen , denn Mitglied ist bei uns der Jude [redacted].

Das Rundschreiben der Fachgruppe ging uns erst zu, nachdem wir die Kündigungen an die jüdischen Mitglieder herausgegeben hatten.

Heil Hitler!
Nova, Versicherungsanstalt a. G.
für Handwerk, Handel und Gewerbe in Hamburg

38.

F.B. 1357/136 c Kred. 3543238

Mitteilung der Nova vom 25.11.1938 an das Reichsaufsichtsamt über die Kündigung jüdischer Versicherungsverträge.

Im September 1938 war allen jüdischen Ärztinnen und Ärzten die Approbation aberkannt worden, und es wurden nur noch sehr wenige als „Heilbehandler" zur Betreuung von jüdischen Patientinnen und Patienten zugelassen, was umgehend sofort zu weiteren Restriktionen der PKV-Wirtschaft führte. Die Fachgruppe wies die Gesellschaften darauf hin, dass die jüdischen damit keine bestallten Ärzte oder anerkannten Heilpraktiker mehr seien und somit die Kostenübernahme nicht mehr erfolgen dürfe. Der Anweisung der Fachgruppe PKV vom September 1938, Rechnungen jüdischer Ärztinnen und Ärzte nicht mehr zu erstatten, weil ihnen die Approbation aberkannt worden war, folgten viele Gesellschaften wie etwa die Deutsche Krankenkasse von 1869 in Hamburg.[58]

Vor allem in der ersten Phase des antijüdischen Terrors nach dem Novemberpogrom waren die jüdischen Betroffenen offensichtlich zu eingeschüchtert, um der Leistungsverweigerung zu widersprechen. Das Reichsaufsichtsamt wirkte aber gemäß späteren Gerichtsentscheidungen darauf hin, dass die Gesellschaften weiterhin tarifgemäß erstatten sollten. Mitentscheidend war die Stellungnahme des Beauftragten der Ärztekammer für Judenfragen: „Diese Behandler müssen sinngemäß für die Juden wie approbierte Ärzte für die Deutschen gelten. Es heisst deshalb den Sinn der Versicherungssatzungen durch Wortklauberei in das Gegenteil zu verkehren, wenn sich Versicherungsgesellschaften immer wieder auf die fehlende Approbation berufen. Zudem ist es einer deutschen Versicherung unwürdig, von jüdischen Versicherten Beiträge zu nehmen und die Leistungen abzulehnen."[59] Auch das Reichsjustizministerium lehnte die „Buchstabenauslegung der Allgemeinen Versicherungsbedingungen" durch die PKV-Gesellschaften ab.[60] Der Beauftragte der Reichsärztekammer für Judenfragen war gewiss kein Philosemit, und es ging ihm im Wesentlichen darum, jüdische von den nichtjüdischen Patienten zu separieren. Dennoch legte sein Plädoyer an die PKV-Gesellschaften, ihre mit jüdischen Versicherten abgeschlossenen Verträge zu erfüllen, den Finger in die Wunde. Die PKV-Gesellschaften befolgten bei jüdischer Kundschaft selbst einfache kaufmännische Prinzipien nicht.

Der Deutsche Ring nutzte die Aberkennung der Approbation sogar schon vor dem Novemberpogrom zu verschärften Maßnahmen gegen noch „unerkannte" jüdische Versicherte in ihrem Bestand und jüdische Ärztinnen und Ärzte. Der Vorstand wies die Filialen schon im Oktober 1938 an, alle Rechnungen jüdischer Ärzte in die Hauptverwaltung zu senden: „Die Unterlagen sind dann sofort zwecks Einleitung des Ausschlußverfahrens nach Hamburg zu geben. Handelt es sich bei dem einen jüdischen Heilbehandler in Anspruch nehmenden Mitgliedern nicht um Juden, so hat sich der jüdische Heilbehandler eines strafbaren Verstoßes gegen Grundgesetze des deutschen Volkes schuldig gemacht. Auch in diesem Falle sind die Unterlagen zwecks Prüfung der etwa zu veranlassenden Maßnahmen nach Hamburg zu senden."[61]

4.5. Die „Lösung der Judenfrage" in der PKV

Nach dem Novemberpogrom 1938 radikalisierte sich die staatliche Judenpolitik, zu deren Ziel es gehörte, die jüdische Bevölkerung aus der Wirtschaft zu verdrängen. Das Reichsaufsichtsamt und die Reichsministerien waren nunmehr gezwungen, sich eingehend mit der wenige Tage nach dem Pogrom erneuerten Forderung der Fachgruppe PKV nach Ausschluss der jüdischen Versicherten auseinander zu setzen. Zunächst wollten die beteiligten Ministerien die Juden nicht völlig aus dem Rechtsgefüge Deutschlands verdrängen und lehnten eine isolierte „Lösung der Judenfrage" in der PKV ab. Sie fürchteten, dass die Ausgeschlossenen der öffentlichen Wohlfahrt zur Last fallen würden. Erst Ende 1939 veränderte sich die Judenpolitik des Reichsaufsichtsamtes durch die Bestellung des NSDAP-Funktionärs Georg Amend zu seinem Präsidenten, der gleichzeitig Amtsleiter für Versicherungsfragen beim NSDAP-Reichsschatzmeister blieb. Das Reichsaufsichtsamt schwenkte auf die von der Fachgruppe PKV seit langem vertretene Judenpolitik ein und wies die PKV-Gesellschaften an, jüdische Versicherungsverträge zum 30.4.40 zu kündigen und die Anteile dieser Versicherungen an den gesetzlichen und geschäftsplanmäßigen Rückstellungen sowie die Sterbegeldrücklage – in den Tarifen waren zumeist kleine Todesfallversicherungen eingeschlossen – zu berechnen.

Bei der Umsetzung der jahrelangen Forderung der Fachgruppe PKV, Juden aus der PKV auszuschließen, handelte es sich um eine Fernwirkung des Novemberpogroms, gekoppelt mit der veränderten Judenpolitik des Reichsaufsichtsamtes unter Amends Präsidentschaft. Besondere Radikalisierungen in der „Judenfrage" erfolgten zu dieser Zeit in anderen Bereichen nicht, und auch die Behandlung der jüdischen Verträge in anderen Versicherungssparten wurde nicht gleichzeitig geregelt. Rechtliche Sondervorschriften für die Behandlung jüdischer Versicherungen außerhalb der PKV folgten erst Mitte 1942 nach Beginn der Deportationen in die Ghettos und Vernichtungslager des Ostens.

Es lassen sich nach Art des Vollzugs des Judenausschlusses per April 1940 drei Gruppen von Versicherungsgesellschaften unterscheiden:

Die erste und bei weitem größte Gruppe führte 1940 überhaupt keine jüdischen Verträge mehr in ihren Beständen. Dazu gehörten nicht allein der Deutsche Ring, der niemals Juden versichert hatte und sich rühmte, solche, die sich „unter Verbergung ihrer rassischen Zugehörigkeit die Mitgliedschaft erschlichen hatten", sofort entfernt zu haben,[62] oder Gesellschaften, die den Arierparagraphen eingeführt hatten. Auch solche Gesellschaften, die eigentlich unkündbare jüdische Versicherungen hätten führen müssen, meldeten einen judenfreien Bestand, weil sie sich ihrer zuvor durch unrechtmäßige Kündigungen entledigt hatten. Zur ersten Gruppe sind die Gesellschaften hinzuzurechnen, die nur verschwindend geringe Zahlen von jüdischen Verträgen meldeten. Nur ganz wenige Verträge waren offenbar ihren systematischen Kündigungsaktionen entgangen. Ein beredtes Beispiel ist die Nova, die 26 Verträge per 30.4.40 kündigte, aber 1937 allein in Hamburg 587 jüdische Versicherungen verwaltet hatte.

Die zweite erheblich kleinere Gruppe umfasst Gesellschaften, die im April 1940 nur noch wenige jüdische Verträge hatten, was sich mit einem „natürlichen" Abgang, z. B. durch Emigration und Selbstkündigung, allein nicht erklären lässt. Auch sie werden aktiv jüdische Versicherungen gekündigt haben. Bei den im April 1940 noch existenten jüdischen Verträgen dürfte es sich um unkündbare Versicherungen oder schadenfreie Verträge, die nicht „aufgefallen" waren, gehandelt haben.

Die dritte und kleinste Gruppe besaß 1940 einen etwas größeren Bestand an jüdischer Kundschaft. Aber selbst die Bestände dieser Gruppe beinhalteten wohl nicht den normalerweise zu erwartenden jüdischen Anteil. So hatte etwa die Vereinigte Krankenversicherung AG schadenträchtige jüdische Versicherungen weniger kulant als die nichtjüdischen behandelt, und die im Jahr 1939 ausgesprochenen Kündigungen betrafen hauptsächlich jüdische Versicherungen.

1940 waren 8,8 Mio. Personen in der PKV versichert. Hochgerechnet waren zu diesem Zeitpunkt nur noch rund 20.000 jüdische Personen versichert, also 0,25 Prozent der Versicherten insgesamt. Relativ die meisten jüdischen Versicherungsverträge hatte die Krankenkasse des Kaufmännischen Vereins zu Magdeburg mit 3,76 Prozent. Es ist nicht möglich, exakt zu berechnen, wie viele jüdische Verträge normalerweise noch hätten existent sein müssen. Die jüdische Bevölkerung Deutschlands war zwar von 537.000 im Jahr 1933 infolge der Auswanderung auf knapp 200.000 gesunken. Aber allein die Zahl der 587 jüdischen Verträge der Nova in Hamburg Ende 1937 – laut Volkszählung 1939 lebten 10.131 Juden in der Stadt -, also ein weit über dem Bevölkerungsdurchschnitt liegender Anteil jüdischer Versicherter, deutet darauf hin, dass sich Juden überdurchschnittlich oft privat krankenversichert hatten, was mit ihrer überwiegend freiberuflichen Wirtschaftsexistenz korrelierte.

Die anteiligen Zahlungen aus den Rückstellungen und der Sterbegeldreserve wurden 1942 nicht an die Versicherten, sondern an die Reichsvereinigung der Juden in Deutschland abgeführt. Sie unterstand den Weisungen des Reichsministeriums des Inneren und musste u. a. die Deportationen der deutschen Juden in die Konzentrationslager im Osten mitfinanzieren. Die wenigen rein jüdischen Versicherungsvereine wurden aufgelöst und ihr Vermögen ebenfalls auf die Reichsvereinigung übertragen.

4.6. PKV: Der antisemitischste Versicherungszweig im Nationalsozialismus

Die PKV-Wirtschaft verhielt sich als Ergebnis von bereitwilliger Mitarbeit aus ideologischer Überzeugung und rückgratlosem Konformismus, technokratischem Handeln und opportunistischer Anpassung besonders systemtreu und rassistisch. Dabei war eine deutschnationale und antisemitische Gesinnung in den Vorständen und Aufsichtsgremien einiger großer PKV-Gesellschaften schon vor der Machtübertragung an die NSDAP bestimmend.

Das Verhalten der PKV-Wirtschaft zu ihren jüdischen Versicherten in der NS-Zeit war geprägt von Vertragsumgehungen bis hin zu Vertragsbrüchen. Nicht versicherungsvertragliche Rechte und Pflichten, sondern rassistische Unterscheidungen zwischen nichtjüdischen und jüdischen Versicherten bestimmten den Umgang. Die jüdischen Versicherungsverträge unterlagen mit Radikalisierungsschüben nach den Nürnberger Rassengesetzen 1935 und dem Novemberpogrom 1938 zunehmend einer besonderen Behandlung. Die Aussonderung jüdischer Versicherungsverträge wurde lange Zeit gegen den Willen staatlicher Kompetenzträger betrieben. Die PKV-Wirtschaft war abgesehen von der Überweisung der Deckungsrücklage an die Reichsvereinigung der Juden in Deutschland 1942 nicht direkt in den Massenmord an den deutschen und europäischen Juden involviert. Bei dessen Beginn hatte sich die PKV-Wirtschaft ihrer jüdischen Kunden bereits entledigt. Ihre öffentlich betriebene Judendiskriminierung hat aber zur Stigmatisierung und sozialen Ausgrenzung beigetragen. Nur als Folge solcher diskriminierender Apartheid-Politik in vielen gesellschaftlichen Bereichen war der spätere systematische Massenmord denk- und machbar.

Der Antisemitismus der PKV-Wirtschaft war giftiger als in anderen Versicherungszweigen. Eine der möglichen Ursachen ist wohl im Konkurrenzverhalten der PKV-Wirtschaft zu suchen. Der PKV-Markt mit seinen kurzzeitigen einjährigen Versicherungsverträgen war erheblich unruhiger als das Lebensversicherungsgeschäft mit jahrzehntelangen und nur zu ungünstigen Bedingungen vorzeitig kündbaren Verträgen bzw. der Sachversicherungsmarkt mit zehnjährigen Vertragslaufzeiten. Die Klientel der PKV war der durch die Hyperinflation von 1923 verarmte und radikalisierte Mittelstand, anfällig für die nationalsozialistische Ideologie. Immerhin 40 Prozent der Wählerschaft der NSDAP in der Endphase der Weimarer Republik waren dem Mittelstand zuzuordnen. Die Werbung mit dem antisemitischen Ressentiment und der Denunziation der Juden als „schlechtes Risiko", die der Versichertengemeinschaft schadeten, brachte Erfolg.

Für einige Maßnahmen der PKV-Wirtschaft waren Muster aus der Sozialversicherung vorhanden. Insbesondere die Zusammenarbeit mit der besonders antisemitisch aufgeladenen Ärzteschaft radikalisierte die Branche. Mit dem Abkommen über den Ausschluss jüdischer Ärztinnen und Ärzte von der Erstattung wurde der Begriff des „jüdischen Ausnutzers" in der PKV geschaffen und in den Versichertenkreis getragen. Das Abkommen entfaltete dadurch öffentliche Wechselwirkung, denn es stützte das antisemitische Ressentiment und setzte die Gesellschaften unter den Druck ihrer nationalsozialistisch aufgeladenen Versicherten, die bei Fortführung der jüdischen Versicherungsverträge mit Kündigungen drohten.

Auf der Suche nach den Beweggründen stößt man in den zeitgenössischen Dokumenten häufig auf den Topos des „schlechten jüdischen Risikos". Trotz fehlender statistischer Beweise handelte es sich hierbei nicht um ein vorgeschobenes Argument der Branche, sondern um subjektive Überzeugung. Allerdings führte das Argument mangelnder ökonomischer Nützlichkeit nicht zwingend zur Ausgrenzung in der PKV. Zur gleichen Zeit wurden Frauen und Kinder, die statistisch nachweislich mehr Leistungen als Männer beanspruchten, aus bevölkerungspolitischen Gründen zu nicht risikogerechten niedrigeren Prämien mitversichert. Der Antisemitismus der Branche ist also nicht als betriebswirtschaftliches Kalkül misszuverstehen. Es bedurfte des sozialen Stigmas und der eigenen antisemitischen Weltanschauung, um die Juden als vermeintlich „schlechte" Risikogruppe zu verfolgen.

Einem besonderen Druck oder gar Zwang, ihre jüdischen Kunden auszusondern, war die PKV-Wirtschaft nicht ausgesetzt. Es war ohne Wettbewerbsnachteile möglich, jüdische Verträge rechtskonform bis zum 30.4.40 weiterzuführen. Einige wenige haben wegen fehlender staatlicher Diskriminierungsvorschriften ihre jüdischen Versicherten bis 1940 „normal" behandelt. Die Mehrzahl nutzte ihre Spielräume jedoch nur dazu, den Antisemitismus anderer Bereiche zu kopieren und zu übertreffen.

5. Die Verdrängung der jüdischen Beschäftigten aus der Versicherungswirtschaft

Im Frühjahr 1933 traten viele Vorstandsmitglieder aus den Versicherungsgesellschaften zusammen mit anderen Teilen aus der deutschen Wirtschaftselite sicherlich zunächst aus opportunistischen Gründen in die NSDAP ein. Der Beitritt erfolgte freiwillig und entschied nicht darüber, ob derjenige in seiner Leitungsfunktion verblieb oder nicht. Berufliche Nachteile entstanden für die Nichtparteimitglieder nicht. Ob sich eine Gesellschaft bei der „Gleichschaltung“ 1933 von einem Manager trennte, entschied sich nicht an der Frage der Parteizugehörigkeit, sondern der rassistischen Zuschreibung zum Judentum.

Ein staatlicher Zwang zur Kündigung jüdischer Manager in der Privatwirtschaft bestand nicht. Auf entsprechende Anfragen verneinte das Reichsaufsichtsamt für Privatversicherung ausdrücklich staatliche oder gesetzliche Vorgaben. Die Gesellschaften verfügten selbst unter Berücksichtigung des starken nationalsozialistischen Zeitgeistes und des Terrors der nationalsozialistischen Gruppen in den Belegschaften über Handlungsfreiheiten. Aber innerhalb der privaten Versicherungswirtschaft hielt nur die Berliner Victoria Versicherung AG bis 1935 an ihrem jüdischen Vorstandsvorsitzenden Emil Herzfelder fest. In anderen Wirtschaftsbranchen konnten hingegen jüdische Manager durchaus noch einige Jahre auf leitenden Stellen verbleiben.

Die anderen Versicherungsgesellschaften entfernten dagegen schon 1933 ihre jüdischen Aufsichtsrats- und Vorstandsmitglieder. Die Hamburg-Mannheimer Versicherung AG zwang ihre jüdischen Aufsichtsratsmitglieder, darunter Erich Warburg aus der bekannten Hamburger Bankiersfamilie und den Politiker Erich Koch-Weser, zum Rücktritt. In diesem Fall waren sogar die schwedischen Besitzer – die Aktienmehrheit an der Hamburg-Mannheimer hielt die schwedische Svea Versicherung – die treibende Kraft, die den Verbleib der jüdischen Aufsichtsräte nicht für opportun hielten, „wenn [es] eine Beeinträchtigung des Geschäfts bedeutet.“[63] Interessanterweise stellten sich in Hamburg die Vereinigte Lebensversicherungsanstalt aG für Handel, Handwerk und Gewerbe (Velahg) und die mit ihr verbundene Krankenversicherungs-Gesellschaft Nova, die später besonders aggressiv gegen ihre jüdische Kundschaft vorging, als eine der wenigen Gesellschaften vor ihren jüdischen Gesellschaftsarzt Dr. med. Alexander-Katz. Trotz massiver antisemitischer Angriffe der Konkurrenz und der Proteste eigener Beschäftigter erwirkten sie von hochrangigen Hamburger NS-Funktionären, ihrem Aufsichtsratsvorsitzenden und Staatsrat Christian Bartholatus und dem Reichsstatthalter Karl Kaufmann, die Erlaubnis, Alexander-Katz als Frontkämpfer des Ersten Weltkrieges weiter zu beschäftigen.[64] Erst 1935 endete Alexander-Katz’ Tätigkeit für die beiden Gesellschaften, und er emigrierte in die USA.[65]

In der Volksfürsorge, bis Mai 1933 ein Unternehmen der freien Gewerkschaften und der Konsumgenossenschaften, wurden jüdische Beschäftigte sofort nach der Besetzung der Hamburger Hauptverwaltung durch die SA und Überführung in das Eigentum der DAF entlassen. Der jüdische Angestellte Tobias beklagte die fehlende Solidarität der Belegschaft: „Meine Kollegen dort waren sehr feige. Sie sagten nicht: „wir können Dir nicht helfen“, sondern „ich habe Frau und vier Kinder“. Sie haben alle Angst gehabt, haben mir auch nachher nicht einmal Geld geschickt oder sonstwas.“[66] „Halbjüdische“ Angestellte wurden in der Volksfürsorge zunächst weiterbeschäftigt. Doch im August 1935 wurde einer 52jährigen Buchhalterin nach

16jähriger Betriebszugehörigkeit fristlos gekündigt und die Zahlung der ihr zustehenden betrieblichen Pension verweigert, weil sie – so der damalige Terminus – Halbjüdin war. Das eingeschaltete Hamburgische Staatsamt setzte sich für die Entlassene ein, weil nach dem geltenden Recht jüdische „Mischlinge" im Wirtschaftsleben den „Ariern" gleichgestellt waren. Die Volksfürsorge lehnte eine Wiedereinstellung entschieden ab und konnte sich auf das Hamburger Arbeitsgericht berufen, das neben der rassistischen auch noch eine perfide geschlechterpolitische Argumentation entwickelt hatte: „Schon vom Standpunkt einer der Volksgemeinschaft gegenüber pflichtbewusst vorgenommenen Verteilung der gegebenen Arbeitsmöglichkeiten kann es nicht als berechtigt angesehen werden, daß ein – dazu noch gut besoldeter – Arbeitsplatz von einer Jüdin oder Halbjüdin besetzt bleibt, wenn er für einen fachlich vorgebildeten arischen Art- und Rassegenossen, vermutlich sogar für einen Familienvater freigemacht werden kann."[67]

Der Deutsche Ring beschäftigte als Gesellschaft des antisemitischen Deutsch-Nationalen Handlungsgehilfenverbands aus ideologischen Gründen schon vor 1933 keine Juden und nahm diese Bestimmung 1934 in seine erste Betriebsordnung auf: „Selbstverständliche Voraussetzung für die Zugehörigkeit zu unserer nationalsozialistischen Betriebsgemeinschaft ist demgemäß die arische Abstammung des Mitarbeiters bzw. des Bewerbers."[68]

Die Nicht(weiter)beschäftigung jüdischer Angestellter bestimmte die Personalpolitik der Versicherungsgesellschaften. Die meisten der jüdischen Innendienstbeschäftigten der Versicherungswirtschaft unterhalb der Leitungsebene verloren deshalb in den ersten Jahren der nationalsozialistischen Diktatur ihre Stellung. Nach Angaben der Volkszählung 1933 arbeiteten 1.250 jüdische Angestellte im Innendienst der Versicherungswirtschaft. Einigen war sicherlich schon vor dem Zeitpunkt der Erhebung der Volkszählungsdaten im Juni 1933 gekündigt worden. 1938 meldeten die Versicherungsgesellschaften stolz, dass im Innendienst aller Versicherungsgesellschaften keine Juden mehr beschäftigt seien. Jüdische Mitarbeiter im Außendienst wurden vor allem nach Denunziationen durch „arische" Kollegen, die auf die Übernahme der Versicherungsbestände spekulierten, oftmals entlassen. So versicherte die Hamburg-Mannheimer 1936 aufgrund eines Angriffs der radikalen NS-Presse – der notorisch antisemitische „Stürmer" hatte über einen angeblich beschäftigten polnischen Juden berichtet –, „grundsätzlich" keine Juden einzustellen.[69] Einige Gesellschaften beschäftigten jedoch jüdische Außendienstmitarbeiter einige Zeit weiter, weil sie für den Kontakt zu jüdischen Versicherten benötigt wurden. Zwar meldete die Versicherungsfachpresse bereits 1940, dass alle jüdischen Außendienstmitarbeiter „entfernt" worden seien, doch in den dort publizierten Listen der unter ein Beschäftigungsverbot fallenden Vertreter tauchten bis 1943 vereinzelt Juden auf, die zweifelsfrei anhand des aufgezwungenen Vornamens Israel zu identifizieren waren. Noch 1943 wurde ein Berufsverbot gegen einen Vermittler mit dem Aufenthaltsort KZ Auschwitz veröffentlicht.[70]

Fußnoten

1 Hermann Göring, laut stenographischer Niederschrift der Konferenz am 12.11.38, in: Der Prozess gegen die Hauptkriegsverbrecher vor dem Internationalen Militärgerichtshof Nürnberg 14.11.1945-1.10.1946, Nürnberg 1948, Beweisdokumente (1816-PS), Band 28, S. 518.

2 Eduard Hilgard, laut stenographischer Niederschrift der Konferenz am 12.11.38, in: Der Prozess gegen die Hauptkriegsverbrecher vor dem Internationalen Militärgerichtshof Nürnberg 14.11.1945-1.10.1946, Nürnberg 1948, Beweisdokumente (1816-PS), Band 28, S. 515.

3 Aufstellung der Reichsgruppe Versicherungen für das Reichswirtschaftsministerium, 30.1.39, Russisches Militärarchiv Moskau 1458-1-98, Bl. 236.

4 Schmitt an Gürtner, 20.12.38, Bundesarchiv Berlin R30.01-10.788, Bl. 361.

5 Schreiben der Reichsgruppe Versicherungen, zitiert nach Rundschreiben der Wirtschaftsgruppe Privatversicherung, 27.12.38, Bundesarchiv Berlin R30.01-10.788, Bl. 377.

6 Hilgard an Reichswirtschaftsministerium, 30.1.39, Bundesarchiv Berlin R30.01- 10.788, Bl. 427.

7 Hans J. Robinsohn, Ein Versuch, sich zu behaupten, in: Tradition. Zeitschrift für Firmengeschichte und Unternehmerbiographie 3 (1958), S. 204.

8 Hamburger Feuerkasse an Jüdischen Religionsverband, 27.4.39, Staatsarchiv Hamburg 522-1 992 q 15 Band 1. Der Besitzer des Gebäudes, der Jüdische Religionsverband, hatte eine Minderung der Grundsteuer beantragt, weil das Gebäude „unbrauchbar" geworden sei. Finanzamt für Grundsteuer an Jüdischen Religionsverband, 13.2.39, Staatsarchiv Hamburg 522-1 992 q 15 Band 2.

9 Lippmann an Dr. Nathan (beide im Vorstand des Jüdischen Religionsverbandes), 30.3.39, Staatsarchiv Hamburg 522-1 992 q 15 Bd. 2.

10 Urteil des Berliner Kammergerichtes vom 17.4.40, in: Hanseatische Rechts- und Gerichtszeitschrift 23 (1940), Teil A, S. 216.

11 Leo Lippmann, „... dass ich wie ein guter Deutscher empfinde und handele": zur Geschichte der deutsch-israelitischen Gemeinde in Hamburg in der Zeit vom Herbst 1935 bis zum Ende 1942 – Zwei Berichte, Hamburg 1993.

12 Kaufvertrag zwischen Jüdischem Religionsverband und der Stadt Hamburg, 18.12.42, Wiedergutmachungsamt beim Landgericht Hamburg 1WIK498/1952, Bl. 24ff.

13 Vergleich vor der 1. Wiedergutmachungskammer des Landgerichtes Hamburg, 9.12.53, Wiedergutmachungsamt beim Landgericht Hamburg 1WIK498/1952, Bl. 55ff.

14 Entscheidung des Amtsgerichtes Hamburg, 1.2.39, Bundesarchiv Berlin R30.01-17.088, Bl. 444.

15 Landesgerichtspräsident Hamburg an Reichsjustizministerium, 19.3.41, Bundesarchiv Berlin R30.01-10.790, Bl. 88.

16 Oberlandesgerichts-Präsident Hamburg an Reichsjustizministerium, 20.3.41, Bundesarchiv Berlin R30.01-10.790, Bl. 95.

17 Gerald D. Feldman, Die Allianz und die deutsche Versicherungswirtschaft 1933-1945, München 2001, S. 298ff.

18 Volksfürsorge-Vorstandssitzung, 11.7.34, Volksfürsorge-Buchhaltungs-Archiv.

19 Dienstanweisung 6/89, 15.1.39 und 2/65, 1.3.39, Volksfürsorge-Firmenarchiv 2-018.

20 Deutscher Ring an J. A., 16.11.40, Deutscher Ring Archiv 23.

21 Oberlandesgericht Naumburg, 26.5.37, in: Hanseatische Rechts- und Gerichts-Zeitschrift 22 (1939 A), S. 199.

22 Gutachten Ernst Brucks, 4.9.37, Bundesarchiv Coswig R31.04-259, Bl. 227a.

23 11. Verordnung zum Reichsbürgergesetz, 25.11.41, Reichsgesetzblatt I 1941, S. 722ff.

24 Karlsruher Lebensversicherung AG an Oberfinanzpräsidenten Berlin, 19.5.42, Bundesarchiv Koblenz B280-5.890.

25 Das Rundschreiben 53/42 des Reichsaufsichtsamtes ist abgedruckt bei Hans Rey: Entschädigungsansprüche nach dem BEG (Bundesentschädigungsgesetz), in: Versicherungsrecht 6 (1955), S. 662f.

26 Veröffentlichungen des Reichsaufsichtsamtes für Privatversicherung 36 (1937), Geschäftsbericht, S. 75f.

27 Urteil des Amtsgerichtes Charlottenburg, 4.3.39, zitiert nach: Deutsche öffentlich-rechtliche Versicherung 71 (1939), S. 158.

28 Vereinigte Krankenversicherung an Reichsaufsichtsamt, 22.8.36, Bundesarchiv Koblenz B280-11.066, Bl. 223f.

29 Max Teichmann, Das Risiko in der privaten Krankenversicherung, in: Assekuranz-Jahrbuch 50 (1931), S. 126.

30 Rudolf Kratochwill (Generaldirektor des Deutschen Ringes Lebensversicherung), Ein Mann und sein Werk [65. Geburtstag des Vorstandsvorsitzenden des Deutschen Ringes Krankenversicherung, August Schneider], in: Die Gemeinschaft [Mitarbeiterzeitschrift], 1943, Bundesarchiv Koblenz B280-10.597, Bl. 16a.

31 Erklärung des NSDAP-Reichstagsabgeordneten Franz Stöhr, 15.1.29, Bundesarchiv Berlin NS1-389, Bl. 414.

32 Ungedruckter Geschäftsbericht des Verbandes der Versicherungsanstalten für Handwerk, Handel und Gewerbe (Berliner Verband) Juni 1933-Mai 1934, S. 4, PKV-Verbands-Archiv Köln.

33 Sonderbestimmungen für die Mitglieder der Völkischen Krankenhilfe, 12/1932, Bundesarchiv Koblenz B280-10.491, Bl. 27.

34 Betriebsräte und Gruppen der Nationalsozialistischen Betriebszellen-Organisation in der Allianz, Friedrich-Wilhelm und Viktoria Versicherungsgesellschaft an Wirtschaftspolitisches Amt der NSDAP, 24.11.33, Bundesarchiv Berlin R31.01-17.052, Bl. 180; Hans Goebbels (Vorstandsvorsitzender der öffentlich-rechtlichen Provinzial-Versicherungsanstalt Düsseldorf) an August Haid (DHV-Vorsitzender), 15.11.33, ebenda, Bl. 203f.

35 Haid an Reichswirtschaftsministerium, 29.12.33, Bundesarchiv Berlin R31.01-17.052, Bl. 127f.

36 Rundschreiben der Barmenia-Filiale Hamburg, 9.12.33, Bundesarchiv Koblenz B280-11.234.

37 Einstweilige Verfügung des Amtsgerichtes Peine, 16.9.33, zitiert in: Ring-Mitteilungen 10/33, Deutscher Ring-Archiv 81 IX 1.

38 Barmenia an Reichsaufsichtsamt, 31.1.34, Bundesarchiv Koblenz B280-11.234.

39 Urteil des Landgerichtes Berlin, 8.9.38, Deutscher Ring-Archiv 23.

40 Deutsche Krankenversicherung AG an Ernst Lazarsfeld, 17.6.36, Hamburg-Mannheimer Archiv E0002-00008/1.

41 Schriftwechsel zwischen Nova, RAA und der Vereinigung 1937, Februar/März 1938, Bundesarchiv Koblenz B280-10.656, Bl. 62ff.

42 Versicherter A. S. an Reichsaufsichtsamt, 15.5.39, Russisches Militärarchiv Moskau 1458-1-98, Bl. 87f.

43 Einspruchsfälle jüdischer Versicherter im Jahr 1939 beim Aufsichtsrat gegen Kündigungen der Deutschen Krankenversicherung AG – der Bestand der Bürgerlichen war in deren Besitz übergegangen -, Hamburg-Mannheimer Archiv E0002-00009/4.

44 Reichsaufsichtsamt an Reichswirtschaftsministerium, 29.12.39, Russisches Militärarchiv Moskau 1458-1-98, Bl. 102.

45 Urteil des Landgerichtes Hamburg, ohne Datum [1938], Bundesarchiv Koblenz B280-10.868, Bl. 140.

46 Ebenda, Bl. 142.

47 Aktennotiz an den Deutschen Ring-Vorstand, 22.7.39, Deutscher Ring-Archiv 136 I.

48 Nova an Reichsaufsichtsamt, 14.1.38, Bundesarchiv Koblenz B280-10.656, Bl. 51f.

49 Nova an Reichsaufsichtsamt, 10.11.38, Bundesarchiv Koblenz B280-10.656, Bl. 90.

50 Vereinigte an Reichsaufsichtsamt, 22.8.36, Bundesarchiv Koblenz B280-11.066, Bl. 223f.

51 Fachgruppe PKV an Wirtschaftsgruppe Privatversicherung, 1.11.35, Bundesarchiv Berlin R31.01-17.169, Bl. 148; Geschäftsbericht 1935 und 1936 der Fachgruppe „Private Krankenversicherung" und Reichsverband der privaten Krankenversicherung e.V., Berlin 1937, S. 24.

52 Fachgruppe PKV an Wirtschaftsgruppe Privatversicherung, 18.10.35, Bundesarchiv Berlin R31.01-17.169, Bl. 150f.

53 Merkblatt für den Wettbewerb in der privaten Krankenversicherung, in: Neumanns Zeitschrift für Versicherungswesen 58 (1935), S. 758f.

54 Wirtschaftsgruppe Privatversicherung im Auftrag der Fachgruppe PKV an Reichswirtschaftsministerium, 17.2.38, Russisches Militärarchiv Moskau 1458-1-97, Bl. 47.

55 Leiter der Fachgruppe PKV an Reichswirtschaftsministerium, 14.11.38, Russisches Militärarchiv Moskau 1458-1-98, Bl. 19f.

56 Nova an Reichsaufsichtsamt, 25.11.38, Russisches Militärarchiv Moskau 1458-1-98, Bl. 31.

57 Vermerk des Reichsaufsichtsamtes, 24.11.38, Russisches Militärarchiv Moskau 1458-1-98, Bl. 30.

58 Versicherter A. S. an Reichsaufsichtsamt, 15.5.39, Russisches Militärarchiv Moskau 1458-1-98, Bl. 87f.

59 Beauftragter für Juden bei der Reichsärztekammer an Reichsaufsichtsamt, 9.1.39, Russisches Militärarchiv Moskau 1458-1-98, Bl. 89.

60 Reichsjustizministerium an Reichswirtschaftsministerium, 19.10.39, Bundesarchiv Berlin R22-2.017, Bl. 102.

61 Arbeitsanweisung an die Geschäftsstellen des Deutschen Ringes, Folge 6-10/38, Oktober 1938, Deutscher Ring-Archiv 101.

62 Deutscher Ring an Reichsaufsichtsamt, 24.4.40, Bundesarchiv Koblenz B280-10.595, Bl. 90.

63 Telefonnotiz Dr. Hermann Hitzlers (Vorstand der Hamburg-Mannheimer), 12.4.33, zitiert nach Gerald D. Feldman, Die Allianz und die deutsche Versicherungswirtschaft 1933–1945, München 2001, S. 97f.

64 Eidesstattliche Erklärungen Herbert Schöngarts (Nova-Vorstandssekretär) und Heinrich Rüttens (Nova-Syndikus), 3.11.33, Bundesarchiv Berlin R31.01-17.165, Bl. 126.

65 Telefonische Auskunft Gerhard Bergholters, des Verfassers der Firmenfestschrift der Iduna-Gruppe von 1990, der sich an den Vorgang gut erinnern, aber mangels eines firmengeschichtlichen Archivs der heutigen Signal Iduna-Gruppe nicht auf die Lagerung schriftlicher Quellen verweisen konnte.

66 Zitiert nach Maike Bruhns, Deutsche und Juden, in: Maike Bruhns u. a., „Hier war doch alles nicht so schlimm." Wie die Nazis in Hamburg den Alltag eroberten, Hamburg 1984, S. 130.

67 Hamburger Arbeitsgerichtsurteil, 16.10.35, zitiert nach dem Schreiben des Volksfürsorge-Vorstandes an das Hamburgische Senatsamt, 30.12.36, Staatsarchiv Hamburg Senatskanzlei – Präsidialabteilung 1936 S II 447.

68 Betriebsordnung des Deutschen Ringes, 1.10.34, S. 4, Bundesarchiv Berlin NS5-III 12/9.

69 Die Hamburg-Mannheimer und ihr Vogel, in: Der Stürmer 14, Nr. 37, 9/1936, o. S.; Rundschreiben der Hamburg-Mannheimer an ihren Außendienst, 14.9.36, Bundesarchiv Koblenz B280-4.768, Bl. 78.

70 Bereinigungsliste 34, in: Die Versicherung 1 (1943) Ausgabe B, S. 16.

Ausgewählte Literatur

Gerhard Bergholter, Unternehmensgeschichte der Iduna Versicherungen. Von den Anfängen bis 1972, Hamburg 1990.

Ingo Böhle, Die Volksfürsorge Lebensversicherungs-AG im „Dritten Reich", Magisterarbeit Universität Hamburg 1996.

Ingo Böhle, Die Volksfürsorge Lebensversicherungs AG – ein Unternehmen der Deutschen Arbeitsfront (DAF) im „Dritten Reich", in: Zeitschrift für Unternehmensgeschichte 45 (2000), S. 49–78.

Ingo Böhle, Die Expansion der Volksfürsorge Lebensversicherung in den mitteleuropäischen Raum 1938–1945, in: Geld und Kapital 4 (2001): Jahrbuch der Gesellschaft für mitteleuropäische Banken- und Sparkassengeschichte, S. 181–211.

Ingo Böhle, Private Krankenversicherung (PKK) im Nationalsozialismus. Sozial- und unternehmensgeschichtliche Studie unter besonderer Berücksichtigung der Deutschen Krankenversicherung AG (DKV). Erscheint im Herbst 2003 im Mabuse-Verlag Frankfurt/Main.

Andre Botur, Privatversicherung im Dritten Reich. Zur Schadensabwicklung nach der Reichskristallnacht unter dem Einfluß nationalsozialistischer Rassen- und Versicherungspolitik, Berlin 1995.

Gerald D. Feldman, Die Allianz und die deutsche Versicherungswirtschaft 1933–1945, München 2001.

Stefan Karlen u. a., Schweizerische Versicherungsgesellschaften im Machtbereich des „Dritten Reiches", herausgegeben von der Unabhängigen Expertenkommission Schweiz – Zweiter Weltkrieg, 2 Bände, Zürich 2002.

Dieter Stiefel, Die österreichischen Lebensversicherungen und die NS-Zeit. Wirtschaftliche Entwicklung. Politischer Einfluß. Jüdische Polizzen, Wien 2001.

Abbildungsnachweise

Abb. 1: Hamann-Archiv, Landesmedienzentrum.

Abb. 2: Hamburger Tageblatt, 14.7.1939.

Abb. 3, 4 und 6: Volksfürsorge Firmenarchiv.

Abb. 5, 8 und 9: Deutscher Ring Firmenarchiv.

Abb. 7: Bundesarchiv Koblenz B280-11.234.

Abb. 10: Bundesarchiv Koblenz B280-10.656, Bl. 51f.

Abb. 11: Russisches Militärarchiv Moskau 1458-1-98, Bl. 31.

Vita

Ingo Böhle, geb. 1956, studierte nach jahrelanger Berufstätigkeit als Versicherungsangestellter an der Hamburger Universität Geschichte, neuere deutsche Literatur und Journalistik. Der Schwerpunkt seiner wissenschaftlichen Tätigkeit liegt auf Unternehmens- und Wirtschaftsgeschichte sowie der Geschichte des Nationalsozialismus. Im Jahr 2003 wurde seine Studie über Private Krankenversicherung im Nationalsozialismus als Doktorarbeit angenommen.